7 jours pour être zen

... au bureau, avec sa belle-mère, en voiture,
en vacances, avec ses enfants, avec ses voisins...

Cindy Chapelle

FIRST
Editions

DU MÊME AUTEUR

Aux Éditions First :
La Sophrologie pour les Nuls (2011)
Le Kit sophrologie pour les Nuls (2011)
J'arrête de stresser pour les Nuls (2013)

ISBN : 978-2-7540-7280-9
Dépôt légal : avril 2015
Imprimé en Italie

Direction éditoriale : Marie-Anne Jost-Kotik
Édition : Charlène Guinoiseau et Christine Cameau
Mise en page : KN Conception
Couverture : Olivier Frenot
Mandala : Lisa Magano

Éditions First, un département d'Édi8
12, avenue d'Italie
75013 Paris – France
Tél. : 01 44 16 09 00
Fax : 01 44 16 09 01
E-mail : firstinfo@efirst.com
Site internet : www.editionsfirst.fr

Sommaire

Introduction

Parce que certains contextes me font perdre mes moyens et que d'autres m'horripilent, il est temps de faire place à la zen attitude !

Je laisse grandir le maître zen qui est en moi et fleurir mon potentiel positif. Il ne tient qu'à moi d'emprunter les chemins du bien-être.

Pour y accéder, il me faudra arpenter des plaines de sérénité (relaxations), expérimenter de nouvelles voies (exercices pratiques), colorer mes journées de jolies réflexions (pensées positives) et m'emparer d'un crayon (bloc-notes).

Assidu(e) je serai, sérénité j'obtiendrai… La clé de l'évolution personnelle réside dans la pratique.

Tous les exercices proposés dans ce Petit Livre sont conçus en fonction des situations suggérées. Certains peuvent se pratiquer discrètement en public, d'autres seront réservés à des pauses perso.

Il ne me reste plus qu'à tourner les pages de ce guide pour explorer mon potentiel positif en toutes circonstances !

7 jours pour être zen... au bureau

Jour 1

Je note les points positifs

Durant 3 minutes, je note tous les aspects positifs de mon travail. Ce qu'il m'apporte à titre personnel, le plaisir que je ressens à accomplir certaines tâches, mon salaire, mes horaires, l'ambiance générale, mes liens avec certains collègues, mon environnement de travail, etc.

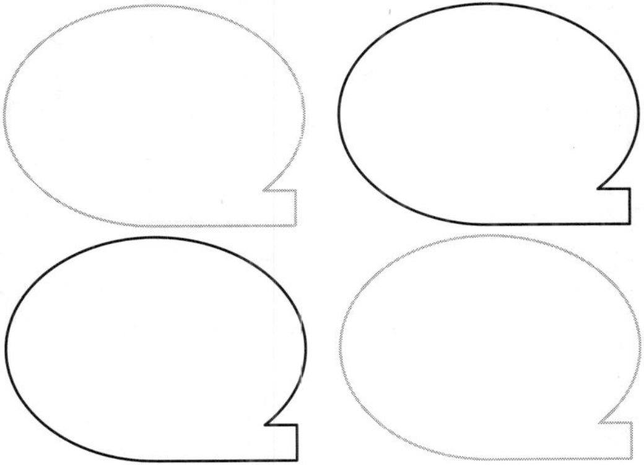

CITATION

« J'ai décidé d'être heureux parce que c'est bon pour la santé. »

Voltaire

EXERCICE PRATIQUE

Je respire par le ventre

Bien installé(e) dans mon fauteuil de bureau, je vais mettre en pratique une respiration bénéfique pour le corps et propice à la détente. J'inspire profondément (j'aspire l'air par le nez) tout en gonflant mon ventre. Puis j'expire lentement (je souffle discrètement par la bouche) tout en rentrant mon ventre au maximum, comme si je cherchais à plaquer mes lombaires contre le dossier de la chaise. J'effectue ainsi 5 respirations.

Bon à savoir : on utilise la respiration abdominale lors de moments de stress pour s'apaiser ou en prévention afin de se relaxer au quotidien. On peut la pratiquer n'importe où : dans les transports, en réunion, en entretien, etc.

Jour 2

« Il est doux à tout âge de se laisser guider par la fantaisie. »

Marcel Proust

CITATION

Mon espace

Mon bureau est-il feng shui ? L'aspect visuel de l'environnement de travail est primorcial. Je m'accorde le temps d'y penser et personnalise mon espace : un grand cadre dévoilant une plage paradisiaque, des photos de famille ou d'amis, des objets utiles ou décoratifs...
Je peux également repenser le rangement de mon bureau en changeant de place l'écran d'ordinateur, par exemple. Je pense simple et efficace et j'opte pour un réaménagement qui me correspond vraiment.

J'évacue le négatif

À la fin d'une journée de travail, on a tendance à être « chargé » en négatif. Les épaules sont lourdes, le dos crie au scandale et la tête est prête à exploser. C'est le moment d'évacuer !

EXERCICE PRATIQUE

Je matérialise mes pensées négatives et mes tensions inutiles par une image (un nuage, par exemple), puis j'expire promptement par la bouche en imaginant chasser au loin ce gros nuage. Je répète à plusieurs reprises ces expirations brèves ou prolongées selon mon besoin.

Bon à savoir : il est possible d'effectuer l'exercice les yeux ouverts puis fermés. On parvient ainsi souvent à mieux se concentrer les yeux clos.

Cas de figure : « Mon patron veut me parler. »

EN PRATIQUE : J'évacue le négatif que cette nouvelle a peut-être engendré grâce à l'exercice ci-dessus.

LA PENSÉE POSITIVE : C'est une personne comme une autre, nous allons discuter entre adultes responsables.

Jour 3

CITATION

« À quoi bon soulever des montagnes quand il est si simple de passer par-dessus ? »

Boris Vian

J'inspire ma journée

EXERCICE PRATIQUE

Sous quel signe vais-je passer ma journée ? Je choisis l'humeur générale que je souhaite inspirer en ce jour. Peut-être ai-je besoin d'une journée « liberté », « confiance », « plaisir », « dynamisme », « vitamines » ou encore « partage ». Je peux par exemple passer une journée sous le signe de la sérénité en prenant du temps pour moi, en favorisant une respiration fluide, en écoutant mon corps, en gérant en douceur les échanges au travail... Il ne tient qu'à moi de donner le tempo du jour et de m'y tenir !

RELAXATION

Une sieste ?

La sieste a des vertus insoupçonnées ! Pour pleinement me ressourcer, j'attends quelques instants après le déjeuner et je me laisse aller pour un somme de 10 minutes dans la salle de repos de l'entreprise ou dans mon bureau. Je n'en ai pas la possibilité ? S'il fait beau, je prends la liberté de m'allonger dans un parc, ou encore de somnoler sur le confortable fauteuil d'un café ! Pour une parfaite sérénité, je programme un réveil.
Bonne récupération !

EXERCICE PRATIQUE

Je m'étire

Le corps est une éponge, et au cours d'une journée de travail, on a tendance à se recroqueviller. L'espace d'un instant, je joins mes mains et étire doucement mes bras, paumes vers le ciel avant de les relâcher.
Je noue à nouveau mes mains, et cette fois-ci j'étire mes bras en avant en arrondissant mon dos, puis je relâche la posture.
Je laisse aller ma tête en avant, menton contre poitrine, et j'étire mes épaules en arrière, puis je relâche.
Enfin, je tends mes jambes en alternant pointe et pieds flex.

Jour 4

« En peu de temps parfois on fait bien du chemin. »

Molière

(*L'Étourdi*, 1653)

Détente musculaire

Connaissez-vous la méthode Jacobson ? Elle propose notamment d'effectuer de douces contractions suivies de relâchements pour obtenir une meilleure détente musculaire. J'essaie avec le bras droit. J'inspire… Rétention (2 à 3 secondes), tension douce du bras… Puis j'expire tout en le décontractant. De même au niveau du bras gauche, puis les deux bras en même temps. Je poursuis avec la jambe droite toujours sur le même principe : j'inspire… rétention-tension douce de la jambe… et j'expire en décontractant les muscles sollicités. Puis la jambe gauche et les deux jambes en même temps.

Bon à savoir : je peux réaliser l'exercice au niveau de mon visage !

Un lieu de bien-être

Je m'installe en salle de repos ou dans mon bureau, en posture assise ou allongée si cela m'est possible. Je m'assure de ne pas être dérangé(e) pendant une dizaine de minutes.

Je m'installe confortablement et ferme les yeux. J'écoute ma respiration s'apaiser, mon corps se relâcher de la tête aux pieds. Bien à l'écoute de mes sensations durant quelques minutes.

À présent, je m'imagine dans un lieu de bien-être. Peut-être sur une île ou en montagne... Des couleurs émergent, des senteurs. Peut-être des sons. Durant quelques minutes je m'y promène, l'explore... Je prends bien le temps de m'imprégner de ce lieu.

Lorsque je le souhaite, je laisse cet endroit de côté pour m'étirer et tranquillement rouvrir les yeux.

Bon à savoir : au quotidien, lorsque je souhaite me recentrer, je peux me replonger quelques instants dans ce lieu de bien-être.

Jour 5

CITATION

« Le matin, c'est la jeunesse du jour. Tout y est gai, frais et facile. Il ne faut pas l'abréger en se levant tard. »

Arthur Schopenhauer

PENSÉE POSITIVE

L'aube n'attend pas

Je booste ma motivation et ose programmer mon réveil de sorte à observer le lever du soleil. À travers ma fenêtre ou dans un lieu dégagé, je me nourris de cette lumière naissante. Contempler un lever de soleil, c'est vivre un agréable moment pour bien commencer une journée. Énergie et vitalité seront alors vos alliées.

EXERCICE PRATIQUE

Je m'écoute penser

Le discours intérieur – les pensées continues – est un formidable atout au quotidien. Orienté vers le positif, il peut devenir encourageant. Il suffit simplement d'y prêter attention.

Je prends le temps d'écouter ce que je me dis intérieurement lorsque je remplis tel dossier, que je suis en ligne avec tel client, que je pense à ma prochaine

réunion… Au fil des heures je prends conscience de mon discours intérieur avant de le dynamiser. Eh oui, l'on peut agir sur ses pensées !
Puis je passe à l'action en réalisant progressivement l'expérience d'inverser mes pensées. Concrètement, lorsque je me dis « Cette réunion s'annonce mal… », je pense plutôt « Cette réunion sera peut-être délicate mais je vais gérer la situation avec calme. »
Le positif entraîne le positif. Alors je booste mes pensées positives !

Cas de figure : « J'ai un client difficile. »

EN PRATIQUE : J'agis sur mon discours intérieur en boostant mon potentiel positif.

LA PENSÉE POSITIVE : Je joue entre l'empathie et le recadrage et n'hésite pas à prendre un instant pour me recentrer.

Jour 6

« Chaque homme doit inventer son chemin. »
Jean-Paul Sartre

Mes nouvelles habitudes

Je planifie des moments bien à moi pour souffler, m'apaiser au quotidien. Ce peut être un instant zen où j'effectue un exercice de respiration, une pause gourmande pour me faire plaisir, un temps dynamique où je mobilise mon corps pour le dénouer… Je suis la/le mieux placé(e) pour savoir ce qui est bon pour moi.

MA MATINÉE

MON APRÈS-MIDI

RELAXATION

Une pause

Lors de ma pause déjeuner, par exemple, je n'hésite pas à prendre l'air. Si j'ai la chance d'avoir un coin de nature près de mon lieu de travail, j'en profite.
Je m'installe sur un banc et je me relaxe durant 10 minutes. Je me concentre sur mes cinq sens. Qu'est-ce que je vois ? Qu'est-ce que j'entends ? Qu'est-ce que je sens ? Qu'est-ce que je touche ? Mon déjeuner est-il à mon goût ?

EXERCICE PRATIQUE

Le polichinelle

Pour évacuer la pression sur les épaules, il faut se secouer ! Pour plus de discrétion, je peux effectuer cet exercice aux toilettes.
Debout, les bras le long du corps, je joue les polichinelles en activant mon buste. Mes jambes restent immobiles tandis que j'actionne mes épaules, mon buste de gauche à droite, les bras dans le vent. Peu à peu le mouvement de balancier devient automatique… Je vis une forme de lâcher-prise.

Jour 7

« J'ai réussi à mettre un peu d'ordre en moi-même, je commence à me plaire… »

Eugène Guillevic

CITATION

Un meilleur confort

Je n'attends pas qu'on me le propose, je change mon fauteuil si mon confort en dépend. Une chaise confortable, un repose-pieds, un tapis de souris ergonomique… Je me chouchoute.
Par ailleurs, le confort auditif n'est pas à négliger. Un environnement de travail bruyant participe à la fatigue et défavorise la concentration. Pour créer ma bulle, je peux jouer sur des styles de musique variés. Du classique pour me recentrer, des albums de musique du monde pour m'évader et du rock pour me motiver !

J'amorce une dynamique

Mon évolution personnelle en bonne voie, je peux me lancer dans une dynamique zen. Les exercices pratiques, relaxations et pensées positives que j'ai expérimentés

EXERCICE PRATIQUE

pourront dorénavant m'accompagner au quotidien jusqu'à devenir des réflexes.

Je peux faire partager mon aura zen à mes collègues et à mon entreprise en proposant des initiatives « bien-être ». Créer une salle de repos (si ce n'est pas déjà fait) ou encore inviter un professionnel (sophrologie, yoga, qi gong, etc.) à animer une séance hebdomadaire auprès des salariés.

Je joue les maîtres zen en herbe auprès de mes collègues pour apaiser les esprits et créer une ambiance sereine.

7 jours pour être zen...
avec sa belle-mère

Jour 1

Se connecter à soi

En apprendre plus sur soi peut être un moyen de doper son estime personnelle pour mieux affronter des situations épineuses.
Alors je fais le point…

Mes qualités	Mes défauts

« Je ne veux ni ne rejette rien absolument, mais je consulte toujours les circonstances. »

Confucius

Je me redécouvre

Je m'installe dans un fauteuil confortable et ferme les yeux durant quelques minutes. Je me concentre sur le silence autour de moi, puis sur ma respiration calme et régulière.

Je vais à présent faire l'expérience de découvrir mon corps comme pour la première fois par le toucher. Je commence par amener mes mains autour de ma tête, je sens les traits de mon visage, la courbe de ma nuque. Prise de conscience de mon corps avec un nouveau regard. Peu à peu, je fais glisser mes mains sur mes épaules, mes bras, mon thorax, mon dos. Toujours bien à l'écoute des sensations que provoque peu à peu le dessin de mon corps. Je sens mon ventre, mon bassin, mes jambes, la rondeur de mes genoux jusqu'à toucher mes pieds. Je m'adosse à nouveau contre le fauteuil et je prends le temps d'intégrer cet exercice avant de rouvrir les yeux.

Jour 2

CITATION

« Il faut affronter la réalité avec une pointe d'humour ; autrement, on passe à côté. »

Lawrence Durrell

Je fais le bilan

BLOC-NOTES

Se recentrer en se posant les bonnes questions permet souvent de mettre en lumière des solutions inédites propres aux difficultés rencontrées dans son quotidien.
Je me munis d'un calepin et commence par identifier puis noter les interrogations propices à une meilleure compréhension de ma relation avec ma belle-mère avant d'y répondre par écrit ou mentalement.
À titre d'exemples : Qu'est-ce qui m'exaspère dans son comportement ? Pourquoi cette attitude m'irrite-t-elle ? Qu'est-ce que je veux dans cette situation ? Suis-je objective ? Quelles actions pourrais-je mettre en place pour plus de sérénité ?

Des individus libres et responsables

Ne pas se laisser envahir, préserver son espace est essentiel. En adulte libre et responsable, je me recentre afin de stimuler mes ressources.
Assis(e) ou allongé(e), les yeux fermés, je prends conscience du plaisir de prendre du temps pour soi. Je me concentre sur ma respiration et je mets en place un exercice qui pourra m'être utile en situation avec ma belle-mère. Je prolonge mes inspirations et mes expirations en trouvant un rythme régulier et agréable. Puis, lors de mes inspirations, j'évoque mentalement le mot « liberté ». Pendant mes expirations je pense au terme « confiance ». Ainsi, au fil de 4 ou 5 respirations successives, mon corps et mon esprit se nourrissent de tout le positif que m'évoquent ces notions. Plaisir de me sentir à ma place, d'éveiller une paix intérieure.

Jour 3

CITATION

« Si vous avez confiance en vous-même, vous inspirerez confiance aux autres. »

Johann Wolfgang von Goethe

PENSÉE POSITIVE

Une histoire de confiance

Plus qu'un mot, la confiance est une réalité, elle se vit. Elle représente notre capacité à rebondir sur les difficultés, à savoir ce qui est bon pour nous, à accepter la critique comme la flatterie… Son intensité varie selon les situations rencontrées, elle devient pourtant un atout de taille pour gérer ses relations et ses échanges en sachant autant manier l'affirmation de soi que le lâcher-prise, le partage que la prise de recul ou encore le « non » ferme que le compromis. Améliorer sa confiance en soi permet d'être en accord avec soi-même, et donc de limiter les ravages de désaccords naissants.

Dire stop aux fuites d'énergie

Quoi de plus éreintant que des pensées négatives ? Nourries d'émotions diverses, elles brouillent le contact avec nos meilleures ressources. Je note ci-dessous la plupart des pensées négatives qui stagnent dans mon esprit vis-à-vis de ma belle-mère. Pour cela, une phrase résume une pensée (ou une situation). Ensuite je quantifie le temps passé à relater ses pensées (depuis des mois, toute la matinée, etc.). Enfin, j'en choisis trois au hasard et m'interroge : « Est-ce que je tiens réellement à entretenir ce genre de pensées ? »

Je peux ainsi noter pour chaque pensée l'action positive que je peux mener pour éviter cette fuite d'énergie et apprendre à me concentrer sur l'essentiel.

....

....

....

....

....

....

Jour 4

CITATION

« De toutes les sciences que l'homme peut et doit savoir, la principale, c'est la science de vivre de manière à faire le moins de mal et le plus de bien possible. »

Léon Tolstoï

EXERCICE PRATIQUE

Maîtriser mon impulsivité

Développer sa capacité à se détendre, à faire baisser la pression donne souvent l'occasion de réfléchir à deux fois à une situation et d'agir avec plus de recul et de justesse. En cas d'exaspération soudaine, je me concentre immédiatement sur ma respiration. Je cherche à apaiser son rythme en respirant par le ventre. Lorsque j'inspire, je gonfle le ventre ; lorsque j'expire, je le rentre. Une façon de détourner mon attention mais surtout d'apaiser mon corps comme mon esprit.

Connaître mes valeurs de vie

En posture assise ou allongée, je ferme les yeux quelques minutes et crée une bulle autour de moi. Je prends conscience de tous les points d'appui de mon corps dans cette posture. Bien inscrit(e) dans le présent.

Je prends le temps de rassembler des situations vécues en famille (petit et grand comité). Et je me demande ce qui était important pour moi à chacun de ces instants. Par exemple, qu'est-ce qui était important pour moi dans le fait d'organiser un anniversaire en famille ? Le partage, l'amour… ? Dans le fait de ne pas me rendre à un repas de famille dominical ? La liberté, l'autonomie… ?

À travers ces moments vécus, je réunis ainsi peu à peu tout ce qui est important pour moi – mes valeurs – en matière de famille.

Bien conscient(e) de certaines de mes valeurs de vie, je me concentre à nouveau sur ma respiration durant quelques minutes avant de rouvrir les yeux.

Jour 5

CITATION

« On peut en savoir plus sur quelqu'un en une heure de jeu qu'en une année de conversation. »

Platon

Renforcer mon mental

PENSÉE POSITIVE

L'important pour avancer est de se fixer des objectifs et d'en mesurer la réalisation (Qu'est-ce que je ressentirai après tel changement ? Comment saurai-je que la situation a évolué ? etc.). Renforcer son mental, c'est aussi savoir relativiser, rester ouvert, être en accord avec ses valeurs et avoir ses propres opinions. Enfin, se préparer à vivre une situation est une des étapes fondamentales pour mieux l'appréhender.

Petit inventaire

En se fondant sur les différents moments passés avec ma belle-mère, je fais une liste des « situations à risques », c'est-à-dire susceptibles de déborder. En face, j'indique les symptômes (chaleur, regard dur, etc.) et les conséquences possibles. Le but étant de ne pas revivre sans cesse ce type de sensations, je note enfin les moyens que je pourrais mettre en place pour y remédier.

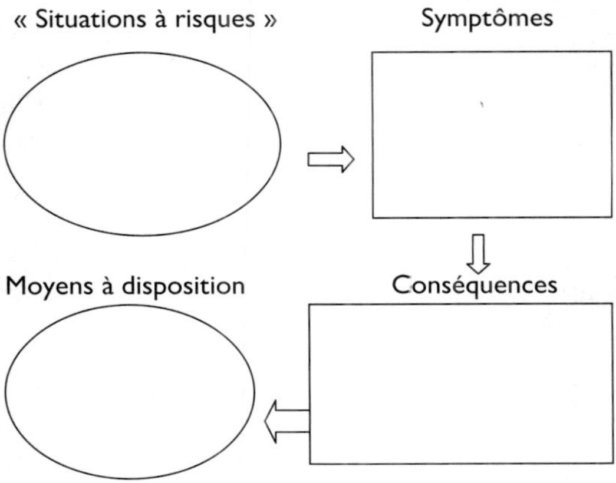

Jour 6

CITATION

« La parole apaise la colère. »

Eschyle

À l'écoute

EXERCICE PRATIQUE

Pendant une conversation animée par ma belle-mère, j'essaie de n'être que spectateur/trice. J'en profite pour écouter ce qu'il se dit, repérer les expressions de chacun des interlocuteurs. Je n'interviens que pour indiquer que j'ai écouté ce dialogue avec attention. Dans la foulée, je nomme mentalement les éléments qui me semblent positifs dans cet échange ou de façon plus générale dans la personnalité de ma belle-mère.

De bonnes résolutions

J'écris toutes les actions positives qui pourraient améliorer ma relation avec ma belle-mère.
Exemples : Zéro obligations / Ne pas demander si on ne veut pas avoir de « dettes » / Chacun sa vie, tout le monde heureux / Préserver l'intimité de mon couple / Rester ouvert(e) / En parler calmement avec mon compagnon ou ma compagne…

Jour 7

CITATION

« On raconte que le battement d'une aile de papillon à Honolulu suffit à causer un typhon en Californie. Or, vous possédez un souffle plus important que celui provoqué par le battement d'une aile de papillon, n'est-ce pas ? »

Bernard Werber

PENSÉE POSITIVE

Le lâcher-prise

Est-ce vraiment important ? Accepter ce qu'on ne peut pas changer ? L'humour n'est-il pas salvateur ? Dans le souci de donner naissance à une certaine légèreté, à chacun de recevoir en toute conscience ces questions qui auront certainement des réponses plus ou moins optimistes selon les contextes rencontrés.

Je me projette

Je m'installe confortablement. Ferme es yeux. Je laisse défiler dans mon esprit les valeurs de vie qui prévalent dans mon quotidien et me remplissent de bonheur, notamment celles en rapport avec la famille (cf. Jour 4). Je réveille ainsi ma confiance en moi, conscient(e) de ma valeur et de mes ressources… Je revisite les moyens que j'ai intégrés ces jours-ci, qui m'invitent à m'ouvrir au positif…

J'assemble ces différents fragments pour ne former qu'une image. Je me projette dans une situation à venir en rapport avec ma belle-mère, un repas de famille ou autre. Je visualise la scène, quelques détails, et je me vois à l'aise, le visage ouvert, la parole sûre. Je peux peut-être imaginer mon rythme respiratoire apaisé dans ce moment. Je sais pourquoi je me trouve là et prends conscience des autres sphères de ma vie qui m'enrichissent. Je représente un ensemble harmonieux, peut-être même puis-je me visualiser en train de plaisanter, libéré(e) de quelques certitudes et paré(e) de nouveaux réflexes.

Petit à petit je me resitue dans la pièce dans laquelle je me trouve et peux tranquillement rouvrir les yeux.

7 jours pour être zen… en voiture

Jour 1

La route et moi

En 1 minute, je note spontanément tout ce qui me passe par la tête quand je pense à la conduite. Autrement dit, je formule sans réfléchir ce qui me plaît ou me fait sortir de mes gonds à bord de mon véhicule.

Je numérote les remarques inscrites ci-dessus et je les classe de la plus récurrente dans mon quotidien à la plus anodine.

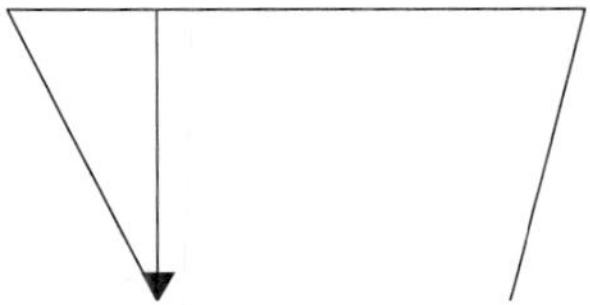

CITATION

« Comme il est difficile de prendre un ton persuasif quand on crie à pleine voix ! »

Aldous Huxley

EXERCICE PRATIQUE

Séance d'automassage

« Auto » parce que fait par moi-même, mais en l'occurrence parce qu'applicable dans mon automobile...
On pratique parfois spontanément l'automassage lorsqu'on se sent noué au niveau des épaules par exemple. Il est temps d'étendre le concept pour s'isoler de l'agitation alentour lors d'un embouteillage.
Je commence par effectuer une sorte de pétrissage de mon visage avec le bout de mes doigts. J'étire mes traits au niveau du front, des joues, sous les yeux et descends jusqu'à la nuque. J'agis ensuite par petites pressions sur les trapèzes jusqu'aux épaules. Enfin, je conclus par un massage à pleines mains du visage, de la tête, du cou, des épaules et des bras.

Jour 2

« Il n'y a qu'une façon d'apprendre, c'est par l'action. »
Paulo Coelho

Une attitude positive

Je me conditionne au moment de monter dans ma voiture : je vais tout faire pour limiter les élans négatifs qui pourraient surgir en cours de route.
Sur le trajet, je positive sans me laisser submerger en cas de feux rouges répétitifs, de conducteur impatient ou autre. Je cherche à dédramatiser toute situation qui me serait habituellement anxiogène.
Je suis chargé(e) d'énergie positive, mon optimisme me donne des ailes pour la journée à venir.

EXERCICE PRATIQUE

J'écoute mon corps

Au volant, les tensions inutiles ont tendance à se migrer au niveau de la nuque. De simples étirements peuvent permettre de les gérer, voire de les évacuer.
Arrêté(e) à un feu rouge ou en descendant de voiture, j'amène délicatement ma tête d'avant en arrière. J'expire lors de chaque étirement. En avant, je rentre le menton contre ma poitrine. En arrière, je creuse la nuque. Ensuite je bascule ma tête doucement vers la gauche, sans forcer, puis vers la droite en prenant le temps. Enfin, je réalise des rotations vers la gauche et vers la droite comme pour regarder derrière moi. La tête bien dans l'axe de la colonne, j'étire mes épaules vers le bas dans un dernier mouvement pour relaxer ma nuque.

Jour 3

« Il y a des fleurs partout pour qui veut bien les voir. »
Henri Matisse

Je respire en rythme

Assis(e) ou allongé(e), je ferme les yeux pour me recentrer. J'inspire pendant environ 5 secondes, puis j'expire pendant les 10 secondes suivantes en détendant progressivement mon corps de la tête aux pieds. Je peux nommer intérieurement les zones à détendre : front, yeux, bouche, nuque, épaules, thorax, ventre, bassin, jambes, pieds. Je m'entraîne sur 2 ou 3 respirations de ce genre. Et je reprends ma respiration habituelle.

Bon à savoir : une fois bien entraîné(e), je peux effectuer cet exercice en voiture, les yeux grands ouverts bien sûr !

Une organisation béton

Les raisons de stress sur la route sont suffisamment nombreuses. Pourquoi en rajouter ? On évite le stress de dernière minute, et même si l'on ne peut pas tout prévoir, on S'O-R-G-A-N-I-S-E ! Cela commence par une bonne gestion du temps pour éviter tout retard. J'anticipe et je prévois.

Je me munis d'un simple agenda sur lequel je prévois la veille mes durées de trajet. Avant chaque rendez-vous, je note mon heure de départ pour rester zen au volant en étant ponctuel(le).

	MATIN	APRÈS-MIDI
Heure de départ	....	....
Heure de rendez-vous	....	....

Jour 4

« Rappelez-vous que ce que l'on croit devient notre réalité. »

Laurent Gounelle

CITATION

Apprendre à faire la part des choses

PENSÉE POSITIVE

Un conducteur trop lent ou trop pressant ? Un feu rouge interminable ? Un manque de courtoisie ? Tout cela peu agacer, voire profondément mettre en colère. Pour mesurer mon degré d'intervention dans telle ou telle situation, je m'interroge : qu'est-ce que je peux contrôler, qu'est-ce qui ne peut l'être ?

Identifier et gérer mes émotions

Parvenir à nommer ses émotions et comprendre les contextes dans lesquels elles se présentent est un moyen de mieux se connaître et de pouvoir prendre du recul. Parmi les émotions suivantes, j'entoure celles qui émergent lorsque je suis sur la route et je réfléchis à ce qui est en jeu pour moi dans ces moments. Par exemple, si j'entoure « colère », j'approfondis le contexte en me demandant quelle valeur a été touchée en moi pour éveiller cette émotion.

Colère
Contexte : Autrui ne respecte pas une de mes valeurs.

Frustration
Contexte : Attente que je ne parviens pas à satisfaire.

Culpabilité
Contexte : Je ne respecte pas une de mes valeurs.

Déception
Contexte : Attente que je ne pourrai plus satisfaire comme je l'imaginais.

Jour 5

« Un changement en prépare un autre »

Nicolas Machiavel

CITATION

Détente musculaire

On ne s'en rend souvent pas compte, et pourtant, selon nos mouvements et nos postures, certains muscles sont mobilisés inutilement.
Je m'assieds sur une chaise et je repère les muscles qui n'ont pas à intervenir dans le maintien de ma position et décontracte ces zones. Par exemple, je relâche mon front, peut-être aussi ma mâchoire serrée, je laisse retomber mes épaules, j'ouvre mes mains, etc.

Bon à savoir : je peux effectuer le même exercice en voiture pour éviter les crispations inutiles.

EXERCICE PRATIQUE

Je dézoome

Assis(e) ou allongé(e), les yeux fermés, je me concentre sur mon corps. Je prends conscience de l'espace qu'il occupe dans cette posture. Je dessine ses contours dans mon esprit.

Et peu à peu je dézoome. Je me visualise dans cette pièce… Chez moi… Dans cette rue… Dans ce village ou cette ville… Dans cette région… Dans ce pays… Sur ce continent… Dans le monde… Plaisir de me relier à d'autres dimensions, d'élargir ma vision durant quelques instants.

À mon rythme, je me resitue progressivement dans la pièce. Je peux prendre 2 ou 3 respirations plus profondes. Je prends conscience de mon corps et de ces sensations. Et quand je le souhaite, je rouvre les yeux.

Bon à savoir : une bonne astuce pour ensuite prendre du recul derrière son volant.

Jour 6

« La vraie valeur d'un homme réside non dans ce qu'il a, mais dans ce qu'il est. »

Oscar Wilde

Besoin de grands espaces

Coincé(e) dans l'habitacle de sa voiture, surtout dans des embouteillages, le besoin d'espace peut se faire ressentir. Je laisse mon regard vagabonder vers le ciel, la végétation. Puis je me relie au souvenir d'un endroit vaste où j'ai eu l'occasion de me trouver. Je m'imprègne de ce lieu. J'apprécie ses étendues et respire un bon bol d'air comme si j'y étais…

Mon évolution

Je dresse la liste de tout ce qui peut habituellement m'exaspérer en voiture (cf. Jour 1). Mon attitude a-t-elle évolué ? J'y réponds en cochant mon état d'esprit selon les situations rencontrées.

Ça passe **Ça casse** **C'est la zen attitude**

Jour 7

« Un sourire coûte moins cher que l'électricité, mais donne autant de lumière. »

Abbé Pierre

CITATION

Je m'assouplis

Je mets en pratique une technique de yoga nommée la posture du sage. Je m'installe au sol, les jambes étendues face à moi. Je plie le genou droit (pied droit à plat contre le sol) et le ramène près de mon buste. J'étire mon bras droit face à moi à la verticale et l'enroule autour de ma jambe pliée (en passant par le côté gauche de mon genou). Dans le même temps, je passe mon bras gauche derrière mon dos en cherchant à attraper mon poignet droit. Si je n'y parviens pas, je m'aide d'une ceinture ou d'une écharpe. J'essaie de tenir ainsi une dizaine de secondes. De même de l'autre côté, toujours en respirant profondément dans la posture. Une fois celle-ci assimilée, je peux m'entraîner régulièrement.

EXERCICE PRATIQUE

Une route paisible

En posture assise ou allongée, les yeux fermés, je prends le temps de m'installer dans le calme. J'expire à deux ou trois reprises pour bien me relaxer et je vais me concentrer sur tous les bénéfices que pourrait m'apporter une attitude zen en voiture.

Je commence par m'imaginer pleinement détendu(e) au volant. Peut-être écoutant la musique… Réalisant un automassage… Respirant sereinement… Et je prends conscience des conséquences positives de cette nouvelle attitude qui, au-delà de m'apporter du bien-être sur la route, me permet de garder mon énergie pour d'autres moments de ma journée.

Je prends le temps de formuler mentalement tout ce que ce changement de comportement apporte à ma personnalité, à mon quotidien, aux autres (être plus positif/ve, conserver mon énergie pour autre chose, etc.). Chargé(e) de tout ce positif, je me concentre sur ma respiration avant de tranquillement rouvrir les yeux.

7 jours pour être zen... dans son couple

Jour 1

Des aspirations communes

Vivre en couple, c'est, entre autres, partager des valeurs. J'inscris ci-dessous les valeurs communes essentielles à mon sens. Liberté, respect, voyage, nature, famille…

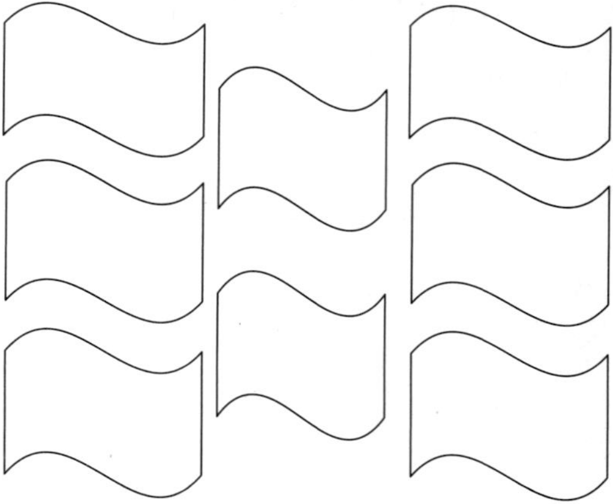

« Le bonheur est la seule chose qui se double si on le partage. »

Albert Schweitzer

Vous avez dit problèmes de couple ?

Il peut être intéressant de chercher à inverser sa vision des choses en pensant plus en termes de solutions que de problèmes. Alors on potasse intérieurement avec ce nouvel angle de vue sur des sujets tels que la dépendance affective, réveiller le désir, gérer la jalousie, la communication dans le couple… Je cherche ainsi des moyens qui pourraient améliorer le vécu de certaines situations. Un discours intérieur positif, au contraire de pensées négatives, pour tendre vers une ouverture d'esprit.

Jour 2

CITATION

« L'amour ne voit pas avec les yeux, mais avec l'âme. »
William Shakespeare

EXERCICE PRATIQUE

Quelques gouttes de créativité

Embellir sa relation de couple par de petits gestes, de petites attentions qui éveillent la curiosité, le désir de l'autre requiert un brin de créativité.
Je m'installe dans un fauteuil, puis ferme les yeux pour favoriser ma concentration. J'imagine que je me trouve dans mon atelier de création : je le dessine dans mon esprit. Ici, tout est possible et je laisse libre court à mon imagination. Je réunis des images d'objets, de personnes, de discussions entre copains/copines, de reportages télé, etc. Dans cette myriade d'informations, je déniche une idée nouvelle qui pourrait bien lui plaire…

Un peu d'exotisme

Je choisis un endroit calme pour bien m'installer. Je ferme les yeux et m'apprête à voyager dans mon imaginaire. Une main posée sur mon thorax, l'autre sur mon ventre, je me relie à ma respiration pour m'apaiser.
Et je dessine peu à peu dans mon esprit les couleurs et les formes d'une forêt tropicale dense. Je m'imprègne de ses verts intenses, de ses arbres gigantesques. Je sens alors ma main dans celle de ma compagne/mon compagnon. Nous échangeons un regard profond avant d'entrer dans la forêt.
Je nous visualise, main dans la main, pénétrer dans ce tableau. J'imagine les senteurs, les sons qui peuvent émerger de cet environnement. Je sens la chaleur sur ma peau ainsi que le contact avec ma compagne/mon compagnon. J'intègre en conscience ce que je vois, ce que je ressens, ce que je touche.
Puis je me resitue dans la pièce dans laquelle je me trouve, remobilise doucement mon corps en m'étirant et j'ouvre les yeux.

CITATION

Jour 3

« On est un dès que l'on s'aime. »

Éric-Emmanuel Schmitt

BLOC-NOTES

Interprétations communes

À deux, nous donnons toutes les interprétations qui nous passent par la tête à propos de ce dessin.

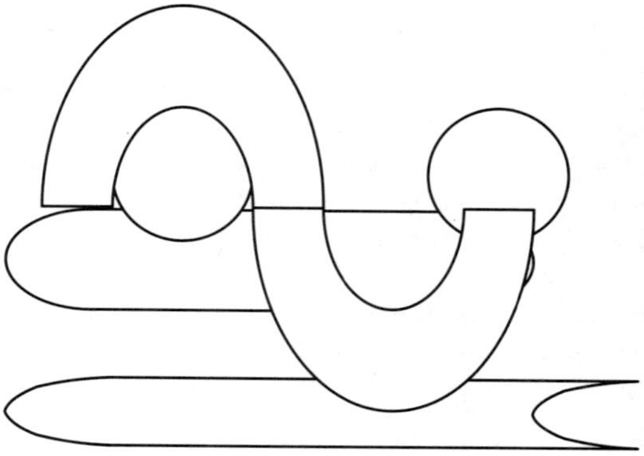

Détente à deux

À tour de rôle, l'un s'allonge confortablement les yeux fermés tandis que l'autre procède à des étirements et douces pressions de la tête aux pieds durant quelques minutes.

Je commence par le visage en effectuant de douces pressions du bout des doigts au niveau du front, des joues et du contour de la mâchoire. Puis je m'assieds derrière la tête de ma compagne/mon compagnon, je passe mes mains délicatement sous son cou et étire légèrement sa nuque vers moi en prenant le temps.

Je m'installe près de son bras droit et procède à de délicates pressions sur celui-ci avec la paume de mes mains et descends ainsi le long de sa jambe droite. De même au niveau du côté gauche.

Enfin, je termine par des pressions du bout des pouces sous les pieds avant de poser délicatement mes mains sur son ventre pour me connecter à sa respiration.

Tranquillement je l'invite à s'étirer, à bâiller pour doucement rouvrir ses yeux.

Jour 4

CITATION

« N'imitez rien ni personne. Un lion qui copie un lion devient un singe. »

Victor Hugo

PENSÉE POSITIVE

Une huile pas comme les autres

On connaît les huiles essentielles et leurs bienfaits. Penser à l'huile de néroli, c'est profiter de ses vertus aphrodisiaques. J'ajoute 2 à 4 gouttes dans l'eau de mon bain…

Bon à savoir : attention, les huiles essentielles ne conviennent pas à tout le monde. L'huile de néroli est notamment déconseillée aux femmes enceintes.

Pause à deux

L'un s'allonge, bras et jambes légèrement écartés, tandis que l'autre met en pratique cet exercice.
Je me place au niveau de sa main droite, la saisis de sorte que son coude ne touche plus le sol. J'étire ainsi son bras tout en effectuant de brèves secousses de sa main de gauche à droite durant quelques secondes. Je fais ensuite une pause.
Puis, en maintenant son bras avec mon autre main placée sous son coude, je décris des cercles. Au fur et à mesure, je constate l'état de lâcher-prise de son bras. De même au niveau du bras gauche.
Puis je me place en face de ses pieds. D'une main, je tiens son pied droit, de l'autre le dessous de son mollet. Je réalise de petits arcs de cercle. Je soutiens ensuite sa jambe grâce à mes deux mains placées sous son talon et je constate le lâcher-prise progressif. De même du côté gauche.

Bon à savoir : une façon de se laisser aller en confiance…

Jour 5

CITATION

« Imaginez que vous vous donnez soudain le droit d'être furieusement heureux. »

Alexandre Jardin

Retrouver de la légèreté

BLOC-NOTES

Chacun de son côté note différentes situations de disputes de couple. Puis, en les mettant en commun, on réalise un *brainstorming* sur chacune d'entre elles en répondant, parmi les questions suivantes, à celles qui interpellent :

- Ce genre de dispute est-il nécessaire ?
- Comment pourrions-nous désamorcer un début de dispute sur ce sujet ?
- Quelles sont les responsabilités de chacun dans ce type de conflit ?
- Faut-il vraiment régler ce genre de comptes en public ?
- Comment pourrions-nous mieux communiquer dans ces moments-là ?

Respirer l'amour

Dans une posture confortable, je ferme mes yeux pour m'inviter à la détente et à l'écoute intérieure durant quelques minutes. Je peux expirer plus longuement à deux ou trois reprises pour pleinement m'apaiser.
À présent, je vais prendre le temps de laisser émerger des moments de bonheur vécus dans mon couple. À mon rythme, je laisse défiler chaque situation en me souvenant de l'expression de ma compagne/mon compagnon dans ces instants-là, en m'attardant sur le motif de ce bien-être, et surtout en réveillant en moi toutes les émotions positives de chaque moment pendant quelques instants.
Je prends ensuite plaisir à me charger de tout le positif de ces instants vécus ensemble. Je peux m'aider de ma respiration pour revivre ces sensations intensément.
À chaque inspiration, je ressens ces émotions, à chaque expiration, je les diffuse dans chaque zone de mon corps.
Puis je reprends ma respiration habituelle. J'intègre le vécu de cette relaxation. Peu à peu, je retrouve mon tonus musculaire et je rouvre les yeux.

Jour 6

CITATION

« La jeunesse est une religion dont il faut toujours finir par se convertir. »

André Malraux

EXERCICE PRATIQUE

Un portrait

Installés l'un en face de l'autre armés d'une feuille et d'un crayon, on prend le temps de se dessiner mutuellement le portrait. Une activité libre où, au-delà de l'aspect artistique, on prend le temps d'observer l'autre en couchant sur le papier les traits de sa/son bien-aimé(e).

Ateliers créatifs

Un massage

Véritable ode au bien-être, le massage procure détente et réveil des sens. Chacun à son tour s'allonge sur le ventre tandis que l'autre procède à des mouvements lents d'effleurage, de frictions ou encore de pétrissage du dos à l'aide d'une huile de massage.

On cuisine ensemble

On prend le temps de concocter un bon petit plat à deux. On se répartit les tâches et on cuisine en musique. Un repas à partager à deux, en famille ou entre amis !

Jour 7

CITATION

« La grande aventure, c'est de voir surgir quelque chose d'inconnu, chaque jour, dans le même visage. C'est plus grand que tous les voyages autour du monde. »

Alberto Giacometti

PENSÉE POSITIVE

Zen attitude

Entre le travail, la famille, les loisirs et les amis, le temps passé à deux a tendance à se réduire comme peau de chagrin. Pourtant le partage est l'un des moyens de conserver et d'enrichir le lien qui unit un couple.

Régulièrement, on s'accorde des moments à deux. Comme un rituel, on s'organise pour passer une soirée ensemble, aller se promener, partager une activité… On se nourrit du plaisir d'être ensemble.

En perspective

Pour être plus zen dans mon couple, j'entoure les évolutions susceptibles d'esquisser un meilleur équilibre dans mon quotidien. En ce sens, j'ajoute également mes pistes personnelles.

- Savoir lâcher prise/Maintenir mes objectifs
- Apprendre à m'excuser/Être plus ferme
- M'ouvrir à ses activités/ Me trouver des passions
- Être plus indépendant(e)/Être plus présent(e)

- ………………………………………………………………
- ………………………………………………………………
- ………………………………………………………………
- ………………………………………………………………
- ………………………………………………………………
- ………………………………………………………………

7 jours pour être zen... en vacances

Jour 1

Emploi du temps

La veille du départ en vacances, je consacre 20 minutes à me recentrer afin de me préparer à vivre un nouveau rythme.
Je m'allonge en trouvant une posture confortable dans une pièce calme et ferme les yeux. Je prends conscience de tous les points d'appui de mon corps dans cette posture. Et je m'apprête à faire le point intérieurement sur le pas à effectuer entre un monde de rendez-vous et un monde de liberté.
Je peux ainsi lister dans mon esprit les nouvelles habitudes que je vais pouvoir prendre… Pas de réveil, des petits déjeuners plus complets, des siestes prolongées, des activités en nature, des soirées à veiller et bien d'autres…
Je prends le temps d'intégrer un nouvel emploi du temps.
Préparé(e) pour ces vacances, je m'étire avec plaisir avant d'ouvrir les yeux.

« Il me faut du nouveau, n'en fut-il point au monde. »

Jean de La Fontaine

Dresser une liste

C'est bien connu, noter est un moyen de ne rien oublier, ou presque… Avant le départ, je complète ma liste par catégorie pour éviter les mauvaises surprises. « Tenues vestimentaires », « Appareils électriques », « Repas », « Santé », etc.

Jour 2

« Dans vingt ans vous serez plus déçus par les choses que vous n'avez pas faites que par celles que vous avez faites. Alors sortez des sentiers battus. Mettez les voiles. Explorez. Rêvez. Découvrez. »

Mark Twain

CITATION

Petite philosophie de vacances réussies

PENSÉE POSITIVE

Éteindre son portable, bien manger, freiner le rythme, partager des activités, se relaxer, privilégier la simplicité, respirer profondément et sourire. Il ne tient qu'à moi d'allonger la liste…

Apprendre à se détendre

Sur mon lieu de vacances, allongé(e) sur le sol, je me relie à ma respiration. Pour cela, je pose une main sur mon ventre, l'autre sur mon thorax et j'écoute ce phénomène. Je repère les zones que ma respiration mobilise. Je capte l'entrée d'air par mes narines et imagine son trajet vers mes poumons.

Et je me concentre sur mes cycles respiratoires. J'inspire… et j'expire calmement… Une respiration fluide et posée. Puis je peux jouer sur les mouvements de mon ventre. Lorsque j'inspire, je gonfle bien mon ventre. Au moment d'expirer, je le rentre au maximum. Ainsi, à plusieurs reprises, je sens ce mouvement accentué sous ma main.

Et je reprends une respiration habituelle.

Bon à savoir : la respiration ventrale peut se pratiquer au quotidien et devenir naturelle.

Jour 3

« La vie est un défi à relever, un bonheur à mériter, une aventure à tenter. »

Mère Teresa

Vivre ses passions

Le temps libre représente l'occasion de faire émerger ses passions et peut-être même de pouvoir les mettre en pratique sur son lieu de vacances. J'inscris tout ce qui m'absorbe, que j'apprécie particulièrement ou qui me procure de bonnes sensations dans la vie (activités, individus, domaines, etc.).

Ma journée idéale

Je profite de mes vacances pour me faire du bien et prendre du temps pour moi. Je m'installe dans une agréable posture en fermant les yeux. Plaisir de me recentrer.

Et je vais pouvoir visualiser ma journée idéale de vacances. Je commence par mettre en lumière ce qui me manque durant les périodes de travail. La liberté, le partage en famille, la nature, le farniente… Je me relie ainsi à ce à quoi j'aspire durant cette période de lâcher-prise.

En ce sens, j'imagine une journée de vacances en accord avec mes valeurs. Dès le réveil, je visualise ce qui me ferait plaisir, pendant le petit déjeuner, puis au cours de la matinée… Ainsi de suite jusqu'au coucher. Je trace peu à peu le fil de cette journée idyllique.

Au moment de m'étirer et de rouvrir les yeux, je garde à portée de main tous ces éléments positifs que je vais pouvoir intégrer à ce jour et aux suivants.

Jour 4

« Diminuez donc les désirs, c'est comme si vous augmentiez les forces. »

Jean-Jacques Rousseau

À la débrouille...

Éviter le « tout confort » est un moyen de faire appel à ses ressources, d'être créatif, de demander autour de soi... En bref de s'enrichir de toute part.
Je fais alors preuve d'adaptation et me nourris de simplicité. Le bonheur est à portée de main.

EXERCICE PRATIQUE

Je développe ma curiosité

De nouveaux centres d'intérêt

Je choisis quelques lectures de romans ou de magazines que je n'aurais jamais eu l'idée d'élire d'ordinaire. Je m'ouvre ainsi à d'autres domaines qui éveilleront peut-être un intérêt insoupçonné jusque-là.

Poser des questions

Sur mon lieu de vacances, je n'hésite pas à poser des questions, à m'informer sur les lieux de visite alentour, l'altitude de tel sommet, les bonnes adresses du coin, la météo, etc.

S'ouvrir aux autres

Je prends le temps de discuter avec des commerçants, d'autres vacanciers, avec les personnes que j'ai l'occasion de croiser. J'écoute leurs expériences.

Jour 5

« On ne se doit qu'à l'enfant qu'on a été. »

Alexandre Jardin

CITATION

Gérer les imprévus

Lorsqu'on se trouve en terre inconnue, un simple problème peut prendre la forme d'une véritable situation de stress. J'intègre les 4 étapes suivantes en guise de fil conducteur pour gérer ces moments anxiogènes.

- J'apprends la maîtrise de soi : je respire et m'apaise.
- Je me détache de l'inutile : je lâche prise sur des éléments que je ne peux changer.
- Je trouve des solutions adaptées : je rassemble mes esprits et définis des pistes concrètes.
- Je passe à l'action.

PENSÉE POSITIVE

Je médite

Assis(e), dos droit, les yeux fermés, je me relie à ma respiration calme et harmonieuse. Je crée une bulle autour de moi afin de me couper un instant des activités extérieures et de me préparer à méditer.
Je concentre à présent mon esprit sur la notion de liberté. Je laisse émerger tout ce qu'elle m'évoque. Peut-être des sentiments, des situations, des personnes, des sons, des mots, des senteurs, des images…
Je focalise ainsi mon attention durant quelques minutes en laissant de côté les pensées parasites qui peuvent apparaître. Sans chercher à les chasser, je m'autorise à les traiter plus tard.
Je me connecte à nouveau à mon souffle en réalisant quelques respirations plus profondes avant de rouvrir les yeux.

Jour 6

« C'est quelque chose, le rire : c'est le dédain et la compréhension mêlés, et en somme la plus haute manière de voir la vie. »

Gustave Flaubert

Le sens de l'humour

J'utilise toutes sortes d'éléments pour cultiver l'humour, pendant mes vacances mais aussi dans mon quotidien. Je me sers d'expressions, de mimiques, de jeux de mots, de vraies blagues… J'apprends de sourires et de légèreté.

En couple ou en famille

Dans un premier temps, chacun découpe des petits papiers d'environ 5 × 3 cm. On compte 2 papiers par personne. Chacun récupère ses bulletins et, en se concentrant tour à tour sur la ou les personnes en face, note une qualité et une valeur (liberté, voyage, travail, famille, amour, etc.) qui lui correspondent avant de les lui donner. Ensuite, oralement, chacun énonce les qualités et valeurs qu'il a reçues.

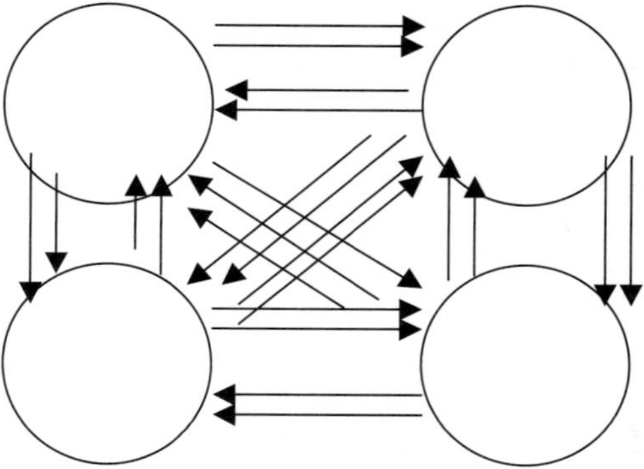

Jour 7

« Le véritable voyage de découverte ne consiste pas à chercher de nouveaux paysages, mais à avoir de nouveaux yeux. »

Marcel Proust

CITATION

Penser son temps

Les vacances passent souvent à vive allure. Je pense alors à répartir mon temps :

- S'octroyer des moments de solitude pour se recentrer.
- Partager des moments en couple pour resserrer les liens, se vivre dans un autre contexte.
- Passer du temps en famille, avec ses enfants, pour développer un nouveau regard ensemble.

PENSÉE POSITIVE

Conserver tous les bénéfices

Je m'allonge en pleine nature (ou dans une pièce agréable en cas de météo grisâtre ou de vacances citadines), ferme les yeux et écoute les sons alentour. Je m'imprègne de l'ambiance qui berce en ce moment mes vacances.

Puis je laisse émerger tous les bons moments vécus durant cette période. Une à une, je revis chaque situation avec le même enthousiasme et prends plaisir à réveiller en moi au présent toutes les émotions positives de ces instants.

Je prends alors conscience de ce qui me remplit de bonheur et garde précieusement en mémoire tous ces éléments pour les intégrer dans mon quotidien.

Puis je m'étire tranquillement, j'ouvre les yeux, en gardant bien à l'esprit qu'à n'importe quel moment, je pourrai revivre intérieurement toutes ces belles expériences.

7 jours pour être zen... avec ses enfants

Jour 1

Premiers mots

Selon le contexte, l'état d'esprit, les réactions des enfants, on peut facilement perdre pieds ou au contraire s'affirmer en confiance. Quelles sont les situations vécues avec mon/mes enfants(s) qui m'échappent et celles que je maîtrise ?

Situations bien gérées	Autres situations

« L'essentiel dans l'éducation, ce n'est pas la doctrine enseignée, c'est l'éveil. »

Ernest Renan

Un outil précieux pour se détendre

La respiration ventrale va me permettre de m'apaiser au quotidien, mais aussi de faire descendre la pression dans une situation stressante avec mon ou mes enfants. Debout, je pose les deux mains sur mon ventre. J'inspire en le gonflant, puis j'expire en le rentrant au maximum, tel un exercice musculaire.

Bon à savoir : un exercice qui dénoue le corps en profondeur et peut se pratiquer en toute discrétion sans poser les mains sur son ventre.

Jour 2

CITATION

« Les choses de l'esprit qui ne sont pas passées par les sens sont vaines. »

Léonard de Vinci

Danse libre

EXERCICE PRATIQUE

J'apprends à être plus spontané(e), plus décontracté(e) avec mon/mes enfant(s). Je passe un morceau de musique communément apprécié et je me mets à danser en toute liberté. Je me laisse surprendre par des mouvements inhabituels, je libère mon énergie. Je décide de faire participer ou non mon/mes enfant(s) à cette danse créative.

En musique

Toujours dans le but de gagner en sérénité, je m'autorise des pauses détente. Je choisis une musique de relaxation, une composition adaptée. Je m'interroge ainsi sur le thème que je souhaite donner à ce moment de bien-être : une profonde détente, un besoin d'évasion, l'envie d'écouter mes sensations…

Confortablement allongé(e), je me laisse aller à la musique. Je fais le vide autour de moi pour me laisser porter par la composition choisie. À l'écoute de ses diverses sonorités, je prends progressivement conscience de ma détente corporelle, du plaisir de lâcher prise.

À la fin du morceau, je prends tout mon temps pour bâiller, m'étirer et rouvrir les yeux.

Jour 3

CITATION

« La connaissance s'acquiert par l'expérience, tout le reste n'est que de l'information. »

Albert Einstein

Sérénité partagée

PENSÉE POSITIVE

Fort(e) de quelques expériences de relaxation, je fais partager à mon/mes enfant(s) des moments de détente. Je peux les inviter à se concentrer sur leur respiration – en faisant vaciller par leur souffle la flamme d'une bougie sans l'éteindre –, à repérer les zones de leur corps nouées, à lâcher prise en musique.

Se laisser aller

J'invite mon enfant à s'allonger sur le sol pour une séance de relaxation. Je lui indique qu'il peut fermer les yeux et prendre le temps de bien s'installer. Pour favoriser le « bien-être », je peux passer une musique apaisante. Je lui demande de placer ses bras le long du corps, jambes étendues, et de se concentrer sur tous les points d'appui de son corps contre le sol.
Je me place au niveau de sa jambe droite, la soulève légèrement de mes deux mains placées sous sa cheville et j'attends ainsi qu'il/elle relâche totalement le poids de sa jambe (de sorte qu'il/elle n'exerce plus de maintien). Je repose délicatement sa jambe et agis de même avec sa jambe gauche.
Je me positionne ensuite au niveau de son bras droit que je soulève et maintiens de mes deux mains placées sous son coude. J'attends ainsi jusqu'à un total relâchement. De même au niveau du bras gauche.
Je lui propose, à son rythme, de s'étirer et de rouvrir tranquillement les yeux.

Jour 4

CITATION

« Les enfants trouvent tout d'un rien, les hommes ne trouvent rien dans tout. »

Giacomo Leopardi

Un jeu d'enfant

EXERCICE PRATIQUE

Je propose à mon/mes enfant(s) de vivre une expérience avec ses cinq sens. Je l'invite à fermer les yeux, à découvrir par le toucher et à nommer un objet que j'ai choisi. Toujours les yeux fermés, je lui demande de trouver le nom de l'épice que je lui fais sentir. Je lui fais ensuite goûter quelque chose à deviner également. Puis je produis un son dans la pièce et, une fois le parcours bien dégagé, lui demande d'accéder jusqu'à ce son. Enfin, les yeux bien ouverts, je l'interroge sur sa vision de l'une des pièces de la maison, peut-être imagine-t-il une nouvelle déco ou autre.

Se recentrer

Pour être le plus zen possible, il me faut prendre du temps pour moi, savoir me détendre pour redistribuer cet état d'esprit serein. Je m'installe en posture assise ou allongée, les yeux fermés, et je laisse de côté toutes les idées parasites qui peuvent survenir. Je les enferme dans un tiroir et y reviendrai plus tard.

Pendant quelques minutes, je me relie à la relation que j'entretiens avec mon/mes enfant(s). Les moments que l'on partage, les mots et les regards que l'on échange. Je me charge de tout le positif de ces instants passés ensemble.

Et je me concentre sur mes désirs personnels. Mes passions, mes besoins… Je note intérieurement tout ce qui est important pour moi, ce qui enrichit ma vie. Plaisir de prendre conscience des différents îlots que je peux visiter, des différents domaines qui m'épanouissent. Puis je prends quelques respirations plus profondes et je retrouve mon tonus musculaire habituel.

Jour 5

CITATION

« On met longtemps à devenir jeune. »

Pablo Picasso

PENSÉE POSITIVE

Un juste milieu

Je n'hésite pas à « débriefer » certaines situations en décryptant mes comportements. Une prise de recul souvent nécessaire pour repérer ses bons et ses mauvais réflexes et éviter de prendre le même tournant la fois prochaine. Avoir agi avec impulsivité ou avoir trop encaissé, avoir été trop laxiste ou trop ferme… C'est à moi de rebondir !

L'arbre

Une posture de yoga équilibrante pour le corps comme pour l'esprit, qui favorise la concentration et le calme intérieur.

Debout, j'inspire, puis, sur mon expiration, je fais glisser mon pied droit contre ma cuisse gauche, genoux vers l'extérieur et talon le plus haut possible. Ma jambe gauche est bien ancrée dans le sol.

Ensuite, je joins la paume de mes mains en prière au niveau de ma poitrine et, dans une inspiration, amène mes mains plaquées l'une contre l'autre au-dessus de ma tête. Je respire calmement en fixant un point droit devant mon regard.

Même technique en remontant le pied gauche contre la cuisse droite en essayant de tenir une dizaine de secondes, puis plus avec l'entraînement.

Bon à savoir : pour sécuriser mon équilibre, je me place près d'un mur.

CITATION

BLOC-NOTES

Jour 6

« N'oublions pas que les petites émotions sont les grands capitaines de nos vies et qu'à celles-là nous y obéissons sans le savoir. »

Vincent Van Gogh

Une image

À l'aide d'un crayon ou d'un appareil photo, je couche sur le papier un portrait de mon/mes enfant(s). Je peux le dessiner en lui/leur demandant de prendre la pause ou avec le modèle d'une photo. Si je décide plutôt de prendre une photo, j'essaie de capter une expression singulière.

Un collage pas comme les autres

Je réalise avec mon/mes enfant(s) un tableau de collage. À partir de vieux journaux ou magazine (peut-être même de photos personnelles). Je le/les laisse choisir ces images en toute liberté. De mon côté, je participe également à l'assemblage en sélectionnant des images relatives à des souvenirs positifs d'enfance. Un joli tableau d'histoires communes.

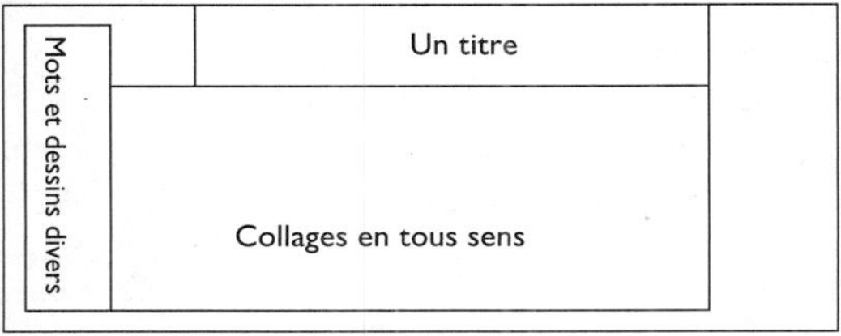

Jour 7

CITATION

« L'enfance a des manières de voir, de penser, de sentir qui lui sont propres ; rien n'est moins sensé que d'y vouloir substituer les nôtres. »

Jean-Jacques Rousseau

BLOC-NOTES

Jeux d'énumérations

Selon l'âge de mon/mes enfant(s), je m'amuse à trouver des jeux d'énumérations :

- Citer le plus d'objets possibles en bois.
- Énoncer le plus grand nombre de points communs entre un vélo et une voiture.

- ....
- ....
- ....
- ....
- ....

Évolution personnelle

En posture assise ou allongée, je prends plaisir à fermer les yeux et prendre du temps pour moi. Par cette relaxation, je vais essayer de prendre du recul pour porter un nouveau regard sur des situations anxiogènes vécues avec mon/mes enfant(s) et trouver des solutions. Je repense à une situation récente qui m'a échappé et fait sortir de mes gonds. Je prends le temps de me revoir dans ce moment en spectateur. Quels étaient l'expression de mon visage ? ma posture ? mes gestes ?
Et je rembobine le film tranquillement en m'imaginant une tout autre attitude. Peut-être puis-je me visualiser en train de respirer par le ventre pour évacuer le stress de la situation, faire preuve de fermeté ou au contraire de lâcher-prise selon le contexte, puis agir en cohérence avec moi-même. J'écris le scénario avec une autre plume. Je conserve précieusement toutes ces clés et reviens peu à peu à un état d'éveil.

7 jours pour être zen… avec ses voisins

Jour 1

Se définir en tant que voisin

Comme une expression le suggère, mieux vaut avant tout balayer devant sa porte… Quel(le) voisin(e) suis-je ? Je note dans les bulles les qualificatifs qui me correspondent à ce propos. À titre d'exemples : souriant, discret, sociable, fuyant, etc.

CITATION

« La vie, c'est comme une bicyclette, il faut avancer pour ne pas perdre l'équilibre. »

Albert Einstein

PENSÉE POSITIVE

Enjeux relationnels

Entretenir de bonnes relations avec autrui peut être source de confiance. Cela passe entre autres par une bonne connaissance de soi, la capacité à ne pas avoir peur de l'autre, à créer un terrain relationnel sécurisant. Créer du lien plutôt que de l'animosité, partager une expérience plutôt que de s'ignorer, participe au bien-être mutuel.

Jour 2

« Mon corps est un jardin, ma volonté est son jardinier. »
William Shakespeare

CITATION

Du positif

EXERCICE PRATIQUE

Je choisis trois objets dans mon intérieur que j'affectionne particulièrement et je décris mentalement ou sur papier ce qu'ils m'apportent de positif et ce qu'ils ont de spécial à mes yeux.
J'inscris ensuite trois qualités que m'inspire mon lieu de vie.
Enfin, je trouve au moins une qualité à chacun de mes voisins.

BLOC-NOTES

Identifier ses croyances

Au cours de notre histoire, on accumule souvent des croyances qui peuvent devenir des freins intérieurs. Telles des barrières érigées en guise de certitudes, ces croyances peuvent devenir des limites.

En matière de relation sociale, notamment concernant le voisinage, je liste sur un carnet quelques-unes des certitudes qui gouvernent mon comportement : des pensées débutant par « il faut », « je dois », « je ne peux », des généralisations ou encore des interprétations hâtives : « S'il ne me sourit pas, c'est qu'il ne doit pas m'apprécier. »

Ensuite, je me donne un peu de leste en reformulant ces croyances avec un nouveau regard : « S'il ne m'a pas souri, c'est peut-être parce qu'il a passé une mauvaise journée… »

....

....

....

....

Jour 3

« On ne peut pas changer les gens tu sais. On peut juste leur montrer un chemin, puis leur donner envie de l'emprunter. »

Laurent Gounelle

CITATION

Écouter différemment

Je mise sur l'empathie, cette capacité à écouter l'autre en se fondant dans son attitude. En conversant avec un de mes voisins, je l'écoute attentivement en essayant de me mettre à sa place, de me relier à son ressenti, son vécu. Pour améliorer ces échanges, je joue sur l'effet miroir en adoptant un ton et un rythme de parole semblable à mon interlocuteur, peut-être même en mimant une posture similaire pour être plus en phase durant cette discussion.

PENSÉE POSITIVE

Une nouvelle forme

Je m'offre régulièrement des pauses bien-être d'un quart d'heure pour me relaxer.
Je m'installe dans une agréable posture puis ferme les yeux. Je me mets à l'écoute de mes sensations corporelles. Je ressens peut-être au niveau de certaines zones de la lourdeur ou au contraire de la légèreté, des tensions inutiles ou un total relâchement, de la chaleur ou du froid… Plaisir de me relier pleinement à mon corps.
À présent, je vais pouvoir imaginer une sculpture qui pourrait décorer mon lieu de vie. Je commence par réfléchir à un modèle. Je passe ensuite à sa confection. Je place en imagination mes mains dans l'argile et je modèle cette terre souple entre mes doigts. J'imagine sa texture, sa température.
Puis je me visualise en train d'affiner mon projet. J'enlève de l'argile, en ajoute, appuie sur mes pouces pour tracer des contours… Pendant quelques minutes, je prends plaisir à me concentrer sur cette image, à la ressentir.
Tranquillement, je m'extrais de ce tableau en effectuant quelques respirations plus profondes, avant d'ouvrir les yeux.

Jour 4

« Si un homme ne marche pas au pas de ses camarades, c'est qu'il entend le son d'un autre tambour. »

Henry David Thoreau

Une bonne entente, c'est…

Le plus spontanément possible, je complète la phrase suivante : une bonne relation de voisinage se traduit par…

- 1.……………………………………………………
- 2.……………………………………………………
- 3.……………………………………………………
- 4.……………………………………………………
- 5.……………………………………………………

Une question d'interprétation…

Un petit texte qui en dit long :

« Entre
Ce que je pense,
Ce que je veux dire,
Ce que je crois dire,
Ce que je dis,
Ce que vous avez envie d'entendre,
Ce que vous croyez entendre,
Ce que vous entendez,
Ce que vous avez envie de comprendre,
Ce que vous comprenez,
Il y a dix possibilités qu'on ait des difficultés à communiquer,
Mais essayons quand même… »

Bernard Werber, *Le Père de nos pères*
(Albin Michel, 1998)

Jour 5

« La vie est courte, mais elle nous laisse toujours du temps pour la courtoisie. »

Ralph Waldo Emerson

Torsion simple

J'effectue une posture de yoga : la torsion simple. Pour cela, je m'assieds en tailleur, pose la main droite sur le genou gauche et la main gauche sur le sol, dans mon dos. Je tourne ainsi le haut du corps vers la gauche tout en maintenant mon dos droit. La tête tournée vers la gauche, je respire calmement avant de relâcher la posture. Je réalise la même technique côté droit en tenant une dizaine de secondes.

Bon à savoir : une posture qui élimine le négatif et apporte souplesse et force.

La joie

Je consacre du temps à me recentrer et éveiller en moi le sentiment de joie, cette émotion qui pétille en nous et nous enrichit de l'intérieur.

Allongé(e), je pose les mains sur mon ventre pour bien ressentir ma respiration. Et je me relie à un souvenir de bonheur, de bien-être. J'évoque mentalement ce moment afin d'éveiller dans l'instant présent ces sensations, ces émotions passées.

Je respire l'enthousiasme... Mon corps s'emplit de cette énergie. Il se dénoue peu à peu, comblé par cette dynamique positive. Le sentiment de joie se diffuse dans chaque zone, ensoleille corps et mental. Plaisir de vivre ces sensations positives, de les ancrer en soi.

Quand je le souhaite, je prends 2 ou 3 respirations bien profondes, me resitue dans la pièce avant de rouvrir les yeux.

Jour 6

CITATION

« Bonne est l'action qui n'amène aucun regret et dont le fruit est accueilli avec joie et sérénité. »

Bouddha

PENSÉE POSITIVE

La minute feng shui

Les couleurs de notre intérieur éveillent des émotions. Le vert foncé ou le bleu ciel boostent la créativité, une couleur crème inspire la sérénité tandis qu'un gris argenté stimule l'intuition. Au-delà des peintures murales, la couleur des objets de décoration vient compléter le tableau. Un lieu de vie harmonieux pour favoriser mon bien-être. À mes pinceaux !

Je me fixe des objectifs

Je prends note de tout ce qui pourrait améliorer mes relations de voisinage. Rencontrer mes voisins (exister physiquement pour eux) ; communiquer par des phrases simples (« Il fait beau en ce moment », etc.) ; partager une expérience commune. Jour après jour, je teste mes idées dans la réalité.

Jour 7

« Que la force me soit donnée de supporter ce qui ne peut être changé et le courage de changer ce qui peut l'être, mais aussi la sagesse de distinguer l'un de l'autre. »

Marc Aurèle

CITATION

La maîtrise de soi

EXERCICE PRATIQUE

Un voisin bruyant, un râleur, un maussade... J'apprends à dénouer les tensions qu'éveillent certains contextes stressants.

Pour cela, je mise tout sur l'expiration. J'expire ainsi profondément à plusieurs reprises en imaginant à chaque souffle m'essorer comme une éponge du négatif.

Perception auditive

Durant quelques minutes, je me mets à l'écoute des manifestations sonores autour de mon lieu de vie. En posture assise ou allongée, je ferme les yeux pour favoriser ma concentration. Mon corps se relâche peu à peu dans cette agréable position.

Maintenant, je focalise mon attention sur les sons alentour. J'accueille l'ensemble des bruits plus moins éloignés. Mon audition s'affine et capte peut-être progressivement plus de sons. Réceptif(ve) aux bruits de mon environnement, je prends le temps de les nommer intérieurement. Bien relâché(e), je suis à l'écoute de tous ses sons.

Puis, quand je le souhaite, j'effectue quelques expirations avant de rouvrir les yeux.

7 jours pour être zen...
avec ses maux physiques

Jour 1

Connaître son corps

Contexte	Maux physiques	Sensations positives

Écouter son corps, ce n'est pas seulement l'entendre lorsqu'il nous fait mal mais savoir s'y relier lors d'agréables ressentis. J'inventorie, d'une part, mes maux corporels (douleurs musculaires ou articulaires, maux de tête, etc.) plutôt récurrents et, d'autre part, de bonnes sensations physiques (détente au niveau du ventre, légèreté, etc.) en notant le contexte dans lequel ils se présentent en général (dans un moment de stress, après une activité sportive, etc.). Pour m'y aider, je peux écouter mes sensations dans la journée et les noter le soir.

« L'apaisement réside en chacun de nous. »

Dalaï-lama

Concentration physique dans l'instant

Je me pose environ 5 minutes et je me concentre pleinement sur mon corps. Pour cela, je m'assieds confortablement et ferme les yeux. Je laisse émerger mes sensations avant de prendre le temps de les nommer intérieurement. Peut-être des sensations de relâchement ou au contraire de crispation, de poids ou de légèreté, de fourmillement ou de vide… Plaisir de me mettre à l'écoute de chaque zone de mon corps.

Bon à savoir : je peux répéter cet exercice sur plusieurs jours en notant sur papier mes sensations.

CITATION

Jour 2

« Sois sage, ô ma douleur, et tiens-toi plus tranquille ! »
Charles Baudelaire

EXERCICE PRATIQUE

La respiration

Avec quelques exercices et un bon entraînement, la respiration peut devenir un outil de bien-être au quotidien. Dans le cas de maux physiques, on peut l'utiliser pour simplement se détendre, mais aussi apaiser son mental ou encore pour diminuer, voire faire disparaître une sensation négative.

D'ores et déjà, je me connecte régulièrement à mon souffle à différents moments de ma journée, en repérant par exemple le rythme de ma respiration, son amplitude, les zones qu'elle mobilise, etc.

Se détendre en musique

Se relaxer est souvent synonyme de bien-être physique et mental. Je sélectionne une musique apaisante qui saura m'envelopper le temps de ma relaxation.
En posture assise ou allongée, je m'installe le plus confortablement possible. Je peux fermer les yeux et me mettre au contact de ma respiration pour pleinement me recentrer.
Maintenant, j'imagine une vague de détente qui va peu à peu s'étendre de la tête aux pieds. Je commence par décrisper mon visage, mon cuir chevelu et mon cou, à l'écoute de mes sensations au niveau de cette zone. Puis, au rythme de la musique, je relaxe progressivement mes épaules en les relâchant, ainsi que mes bras jusqu'au bout de mes doigts. La vague de détente se prolonge au niveau de mon thorax et de mon dos, puis dans mon ventre, toujours bien relié à mes sensations. Enfin, la vague finit son parcours le long de mon bassin, de mes jambes jusqu'au bout de mes pieds. Plaisir d'un total relâchement.
À mon rythme, je m'extrais tranquillement de cette relaxation en rouvrant les yeux.

Jour 3

CITATION

« La souffrance, j'aime mieux la diminuer que d'en rendre compte. »

André Malraux

EXERCICE PRATIQUE

Gymnastique respiratoire

En posture assise, j'effectue une profonde inspiration par le nez, puis rétention de mon souffle, tension douce de mon bras droit durant 5 secondes avant d'expirer longuement en relâchant mon bras. De même sur le bras gauche, au niveau des épaules, du visage, des jambes selon mon besoin. Je peux conclure l'exercice en effectuant globalement cette technique de la tête aux pieds.

Bon à savoir : issu de la méthode Jacobson, cet exercice permet d'approfondir le relâchement musculaire.

Un regard extérieur

Assis(e) ou allongé(e), je me consacre à une relaxation d'une vingtaine de minutes. Je peux effectuer l'exercice précédent pour bien me décontracter. J'inspire, rétention-tension douce de mon corps et expiration-détente.

Et je prends le temps d'instaurer un regard extérieur, un genre de caméra pour m'observer sous un nouvel angle. Je contemple ainsi mon corps dans cette posture à l'instant présent. Ce regard vagabonde de la tête aux pieds. Je prends bien conscience de la forme et du volume de mon corps vu d'extérieur avant de me relier à nouveau pleinement à mes sensations physiques, de chaleur, de relâchement…

Maintenant, je m'imagine pendant quelques minutes vivre mon corps avec plaisir en me visualisant en train de courir avec souplesse et légèreté par exemple, ou dans d'autres contextes en réalisant des mouvements sans effort.

Quand je le souhaite, j'effectue 2 ou 3 respirations plus profondes avant de rouvrir les yeux.

Jour 4

CITATION

« … J'ai appris que le courage n'est pas l'absence de la peur, mais la capacité de la vaincre… »

Nelson Mandela

PENSÉE POSITIVE

Art-thérapie

Par l'intermédiaire de la peinture, du dessin, de la danse, du modelage, ou de tout autre discipline artistique, on peut réaliser un travail sur soi. Par cette méthode douce, on s'exprime librement dans une énergie positive qui peut permettre de dépasser certaines de ses limites, d'élargir la conscience de son corps ou encore de favoriser le lâcher-prise. L'art au service du développement personnel…

Remplacer des sensations

En posture assise ou allongée, je consacre quelques minutes à approfondir la technique consistant à remplacer une sensation par une autre. Je peux fermer les yeux pour pleinement me recentrer.

À présent, je me concentre sur une zone corporelle qui héberge des sensations désagréables, par exemple des tensions musculaires.

Bien relié(e) à cette zone, je prends le temps de trouver une sensation qui pourrait venir en remplacement de la sensation désagréable. Peut-être de la chaleur ou au contraire du froid pour dénouer une tension musculaire, de la légèreté ou du vide pour apaiser un mal de tête. Je me connecte ainsi à la sensation choisie en laissant émerger tous les éléments qui la concrétisent et l'intensifie (par exemple, un paysage enneigé pour le froid, un ballon lâché dans les airs pour la légèreté, etc.). Une fois cette sensation bien présente dans mon esprit, je m'aide de ma respiration pour la diffuser jusqu'à la zone prédéfinie. Par une respiration profonde et régulière, j'intensifie peu à peu cette sensation agréable. Plaisir de ressentir différemment cette zone corporelle.

À mon rythme, je peux rouvrir les yeux.

Jour 5

CITATION

« Dans chaque être humain vit une colonie entière. »

Picasso

EXERCICE PRATIQUE

Le tailleur

Une posture de yoga propice à la respiration et à la méditation qui apporte stabilité au corps.

Je place un coussin au sol et je m'assieds les jambes croisées, le dos bien droit, les épaules en arrière. Je redresse la tête dans l'alignement de la colonne. Je contrôle la hauteur de mes genoux qui doivent être plus bas que mes hanches. Je pose le dos de mes mains sur mes genoux. Je mets en place une respiration profonde et régulière, la plus naturelle possible et je reste ainsi autant de temps que je le souhaite.

Émerveillement

Je m'installe dans une posture confortable avant de fermer les yeux. Je prends conscience de tous mes points d'appui et pose les mains sur mon ventre pour me relier à ma respiration basse.

Je me connecte à présent à la nature qui m'entoure ou dans laquelle je me fonds durant mes week-ends. Une nature que j'observe, que je peux toucher, sentir, goûter, entendre… Une nature qui évolue sans cesse au fil des saisons… Je pénètre dans ce tableau merveilleux, un arbre, une fleur, un insecte, une couleur… Je le laisse se diffuser dans mon corps, couler sur ma peau, dans mes veines comme un ruisseau d'eau pure nourrissant chaque cellule.

À mon rythme, je prends le temps d'intégrer cette expérience. Puis, quand je le souhaite, j'ouvre les yeux.

Jour 6

CITATION

« Si vous avez construit des châteaux dans les nuages, votre travail n'est pas vain ; c'est là qu'ils doivent être. À présent, donnez-leur des fondations. »

Henry David Thoreau

EXERCICE PRATIQUE

Méditation

Je m'assieds en tailleur (cf. Jour 5) le dos bien droit et ferme les yeux. Je me concentre sur ma respiration. Maintenant, je laisse passer mes pensées comme des nuages poussés par le vent sans chercher à m'en débarrasser, juste à les accueillir puis à les déplacer. Pour favoriser ma concentration, je peux murmurer des sons, le plus connu étant le « om », ou réciter une formule sacrée. Je laisse mon esprit s'apaiser dans l'inaction, dans l'écoute intérieure.

Je me connais mieux que personne

En me concentrant sur mes maux physiques récurrents, sur les contextes dans lesquels ils se présentent, sur les sensations qu'ils induisent et les moments de la journée où ils apparaissent, je note tout ce que je pourrais mettre en place pour les apaiser ou les évacuer en plus des exercices mis en pratique. Exemples : diminuer certains efforts physiques, privilégier certains aliments, etc.

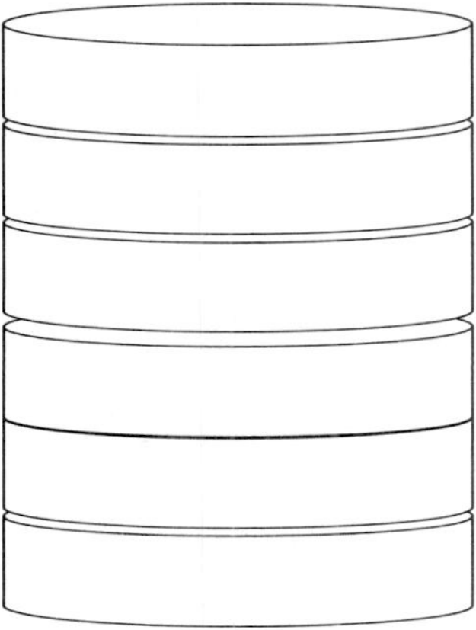

Jour 7

CITATION

« Le corps de l'homme est un grenier à blé. Il est rempli d'innombrables réponses. »

Christian Jacq

PENSÉE POSITIVE

Des pistes à explorer…

Gérer la douleur nécessite de prendre en compte le corps comme le mental. Parmi les moyens à disposition, on peut s'appuyer sur la respiration, sur des visualisations positives, sur la relaxation, mais aussi sur une organisation différente en évitant certaines activités, certains gestes, en changeant sa façon de faire, en testant des méthodes (hydrothérapie, etc.), sans oublier de consulter si un mal perdure. Une façon d'enchaîner de petites victoires pour s'encourager.

Visualisation positive

Assis(e) ou allongé(e), je ferme les yeux. Je peux expirer à deux ou trois reprises pour pleinement me relâcher. Pendant quelques minutes, je vais m'approprier une image de détente à laquelle je pourrai me relier quand je le souhaiterai.

Je choisis ainsi une image fixe ou en mouvement qui provoque en moi la détente. Ce peut être le soleil, un livre, une fleur, le roulis des vagues, un paysage... Je visualise cette image en détail et m'imprègne de tout son potentiel de relaxation. Je laisse ainsi émerger dans mon corps toutes les sensations agréables qu'elle me procure. Je conserve cette image et son bagage positif toujours près de moi. Lorsque j'en aurai besoin, je pourrai réveiller toutes ces sensations de détente en moi.

Quand je le souhaite, je me resitue dans la pièce et rouvre les yeux.

7 jours pour être zen… en vue d'un événement stressant

Jour 1

Ma vision du stress

Je décris en quelques mots ce que le stress représente pour moi, puis, en repensant à des situations stressantes, j'en note le contexte (entretien professionnel, déménagement, compétition, etc.) et j'indique mon niveau de stress (de 0 à 10) pour chacune.

Pour moi le stress c'est ……………………………………

……………………………………………………………

Contexte 1 : ……………………………………………

Contexte 2 : ……………………………………………

Contexte 3 : ……………………………………………

Contexte 4 : ……………………………………………

0 1 2 3 4 5 6 7 8 9 10

CITATION

« Le temps se rétrécit ou semble s'accélérer à mesure qu'approche la date du but à atteindre. »

Éric Tabarly

PENSÉE POSITIVE

La maîtrise de soi

Trois points essentiels dans la maîtrise de soi :

- Apprendre à se relaxer,
- Savoir se recentrer,
- Gérer ses émotions.

Jour 2

« Rien n'est jamais acquis à l'homme. »

Louis Aragon

Focus sur mes émotions

Dans la journée, je me mets à l'écoute de mes émotions. Si je rencontre une situation qui éveille en moi une émotion désagréable, je prends le temps de la gérer. Dans un premier temps, je respire profondément ou je m'appuie sur la relaxation ci-après. Ensuite je m'attarde sur le contexte dans lequel cette émotion se présente (atteinte personnelle, rendu d'un dossier dans l'urgence, etc.). Enfin, je définis posément les comportements les mieux adaptés (qui me correspondent) pour la gérer : s'appuyer sur une situation identique vécue récemment, amorcer une dynamique, communiquer…

J'apprivoise la détente

En posture assise, je ferme les yeux et je mets en place la respiration abdominale : j'inspire en gonflant le ventre, j'expire en le rentrant. Je peux prolonger mes expirations en soufflant par la bouche pour bien m'apaiser.
À présent, je me relie pleinement au sentiment de détente, à tout ce qu'il évoque pour moi. Peut-être des images, des couleurs, des sons, des mots… Je laisse ma respiration devenir calme et régulière et intègre peu à peu ce sentiment de détente. Pour renforcer son intensité, sur chaque expiration, je peux prononcer mentalement le mot « détente » (ou un synonyme : « relaxation », « sérénité », etc.). À chaque respiration, la détente imprègne un peu plus mon corps.

Bon à savoir : une fois cet exercice bien maîtrisé, je peux le pratiquer les yeux ouverts à ma guise au quotidien.

Jour 3

« Il ne faut pas lier un navire à une seule ancre, ni une vie à un seul espoir. »

Épictète

CITATION

Prendre du recul

C'est le moment d'analyser objectivement la situation stressante à laquelle je me prépare. Une vue d'ensemble inscrite dans le présent. Un instant privilégié pour booster ma pensée positive.

Dans ma réflexion, je note aussi trois qualités que l'on me reconnaît souvent, trois projets que je souhaiterais concrétiser et trois événements vécus positivement par le passé.

PENSÉE POSITIVE

EXERCICE PRATIQUE

Tensions inutiles

En vue d'un événement stressant, le corps a tendance à se nouer. Je contrôle régulièrement l'intensité de mes tensions corporelles.

À plusieurs reprises dans la journée, je procède à des étirements divers selon les zones en souffrance. Puis je fais le dos rond : debout ou sur une chaise, j'expire en me penchant doucement en avant. Je relâche mes bras dans cette posture ainsi que mes épaules, ma mâchoire. Je lâche complètement prise. Je déroule ensuite peu à peu mon dos en remontant tranquillement dans une inspiration. Je me retrouve ainsi le dos bien droit, la tête dans le prolongement de la colonne.

Bon à savoir : un exercice à répéter selon le besoin. En le pratiquant debout, je peux légèrement plier mes genoux pour effleurer le sol de mes doigts.

Jour 4

« Confronté à une épreuve, l'homme ne dispose que de trois choix : 1) combattre ; 2) ne rien faire ; 3) fuir. »

Henri Laborit

Définir ses objectifs

Afin de se préparer au mieux et de renforcer sa confiance en soi, il est essentiel de tracer les lignes directrices d'une situation anxiogène future. C'est le moment de se demander ce que l'on veut dans cette situation, de trouver des solutions en cohérence avec ses valeurs profondes et ainsi de stimuler ses aptitudes, et plus précisément sa capacité d'adaptation.

Mon projet

Les freins et obstacles	Les actions pour les dépasser

Je fais le point sur l'événement stressant que je me prépare à vivre. J'inscris dans la colonne de gauche les difficultés que je rencontre actuellement et note dans la colonne de droite les moyens que je pourrais mettre en place pour les gérer.

Jour 5

« Féconder le passé en engendrant l'avenir, tel est le sens du présent. »

Friedrich Nietzsche

Se projeter

Dans les jours précédant l'événement stressant, je prends le temps de me projeter dans cette situation.
Durant environ 1 minute, je ferme les yeux et me visualise en train de vivre ce moment de façon positive. J'évite d'insérer trop de détails dans cette projection pour éviter d'être déstabilisé(e) le jour J si l'un d'entre eux se présente différemment.

Un geste signal

Je m'installe dans un fauteuil confortable et ferme les yeux. Je prends le temps de trouver mon geste signal, un geste que je pourrai effectuer en toute discrétion et qui me sera utile pour gérer mon stress en situation. Ce peut être l'action de serrer le poing ou tout autre geste qui me corresponde. Je vais pouvoir conditionner ce geste en trouvant le sentiment que je souhaite lui associer. Je me relie ainsi à l'événement stressant que je me prépare à vivre et m'interroge sur le sentiment qui pourrait m'être utile dans cette situation, la confiance, la sérénité…

Je me relie à présent pleinement à un souvenir qui évoque pour moi ce sentiment (si je choisis un sentiment de sérénité, je peux peut-être me revoir dans un endroit paisible…). Je revis ce souvenir en éveillant en moi toutes les émotions ressenties lors de ce moment. Quand ce sentiment positif est suffisamment intense, j'effectue mon geste signal, et ce plusieurs fois afin de commencer à le conditionner.

Bon à savoir : un exercice à répéter afin de bien « charger » son geste. En situation anxiogène, j'effectue mon geste signal pour réveiller en moi le sentiment que j'ai décidé de lui associer.

Jour 6

« Patience et longueur de temps font plus que force ni que rage. »

Jean de La Fontaine

CITATION

Gérer le stress au quotidien

Dans la liste des pistes à explorer pour gérer son stress, une bonne hygiène de vie semble indispensable. L'on peut ajouter à cette liste la pratique d'une activité physique, un bon sommeil, une meilleure organisation (éviter les retards, effectuer chaque chose en son temps pour éviter d'être submergé(e), etc.), sans oublier de noter le flot de ses pensées pour s'apaiser avant de se coucher et bien d'autres. Je trouve ainsi des solutions en cohérence avec moi-même.

PENSÉE POSITIVE

Éveil des sens

Assis(e) ou allongé(e), je prends le temps de me recentrer. Je peux expirer longuement à deux ou trois reprises pour bien m'apaiser.

Et je me plonge dans le décor de mon choix. Je m'imagine dans un paysage montagneux, maritime ou autre. Je m'imprègne de cet endroit jusqu'à avoir l'impression de m'y trouver réellement. J'ouvre alors mes sens à ce lieu, en me reliant à mes sensations olfactives, aux parfums qui en émergent... J'observe cet endroit dans le détail de ses couleurs, de ses volumes... Mon ouïe perçoit les sons de ce paysage serein. Puis je m'éveille aux sensations tactiles. Je peux m'imaginer marcher pieds nus dans cet espace de nature.

Maintenant, je formule mentalement le ou les objectifs positifs que je souhaite voir émerger de l'événement stressant auquel je me prépare. Une phrase simple comme « gagner en confiance », « savoir m'adapter », « grimper les échelons »... et je m'imprègne de ces mots. À mon rythme, j'intègre les bienfaits de cette relaxation, m'étire avant d'ouvrir les yeux.

Jour 7

« Les grandes choses peuvent se manifester par de petits signes. »

Sigmund Freud

Mes ressources personnelles

Je note toutes les capacités dont je vais avoir besoin pour gérer l'événement stressant à venir. À titre d'exemple : communiquer calmement, gérer la douleur, contrôler mon mental, m'adapter, etc.

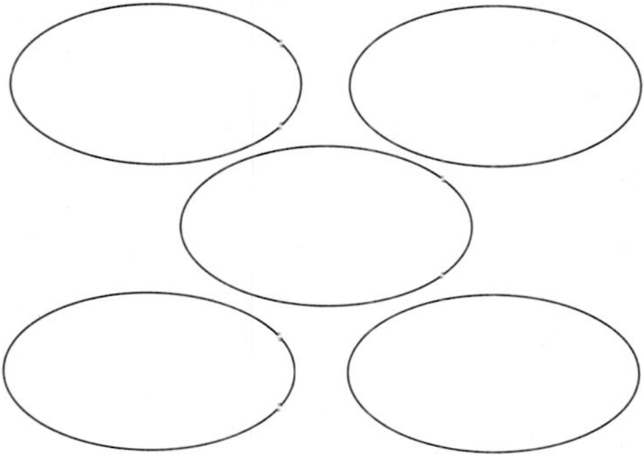

Agir en confiance

En posture assise ou allongée, je ferme les yeux et me concentre sur ma respiration calme et régulière.
Je vais à présent pouvoir m'imaginer en train de vivre l'événement stressant auquel je me prépare. Pour cela, je vais réunir tous les outils à ma disposition depuis ces derniers jours.
Je visualise peu à peu cette situation en dessinant le lieu, les personnes en présence, la luminosité selon le moment de la journée. À mon rythme, je pose mentalement le cadre de cette situation future.
Maintenant, je me concentre sur moi-même. Je m'imagine dans un état de confiance qui se lit peut-être dans la posture que j'adopte (le dos bien droit) ou sur l'expression de mon visage. Je me visualise en train d'effectuer mon geste signal (je peux l'effectuer en vrai) pour renforcer et positiver mon état émotionnel. Je peux sentir se développer en moi, dans l'instant présent, le sentiment que j'ai choisi de conditionner à mon geste (cf. Jour 5). Plaisir de me projeter positivement dans ce moment à venir.
Je prends le temps d'intégrer cette expérience avant de tranquillement rouvrir les yeux.

7 jours pour être zen… avec son animal de compagnie

Jour 1

Bien le connaître

Je dresse le portrait de mon animal en notant dans les grandes lignes sa journée type (ses heures de sommeil, ses moments de jeu, etc.). Je relève ainsi ses petites habitudes.

La journée type de mon animal

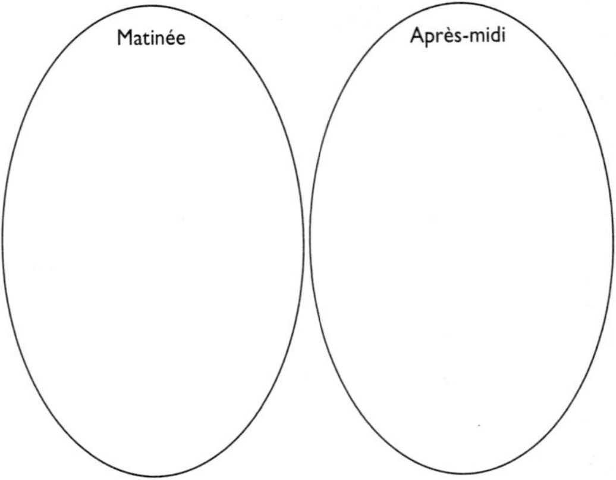

« Tout le monde savait que c'était impossible à faire. Puis un jour quelqu'un est arrivé qui ne le savait pas, et il l'a fait. »

Winston Churchill

CITATION

Ma relation avec mon animal

En pensée ou sur papier, je mets en évidence tous les bons moments que je passe avec mon animal. Moments de tendresse, de jeux, de sorties… Je prends plaisir à rassembler ces instants privilégiés.

PENSÉE POSITIVE

Jour 2

CITATION

« On blâme aisément les défauts des autres, mais on corrige rarement les siens. »

François de La Rochefoucauld

PENSÉE POSITIVE

À moi de jouer

Avant toute chose, je fais un travail sur moi-même. Comment enseigner la zen attitude à son animal si on ne parvient pas soi-même à l'apprivoiser ? Le stress a tendance à se transmettre. Il me faut donc apprendre à me relaxer au quotidien afin de diffuser cette aura positive à mon compagnon domestique.

Vague de détente

Je m'accorde quelques minutes de relaxation. Je m'allonge dans un endroit calme, ferme les yeux et crée une bulle autour de moi pour faire le vide.

Je vais à présent détendre progressivement mon corps en m'aidant de ma respiration. Sur 4 respirations (une respiration = une inspiration + une expiration), je relâche tous les petits muscles de mon visage ainsi que de mon cuir chevelu. Plaisir de me concentrer sur cette zone en train de se détendre.

Sur 4 autres respirations, je décontracte ma nuque, mes épaules et relâche mes bras. Je réalise à nouveau 4 cycles respiratoires en détendant mon thorax, mon ventre et mon dos. Plaisir de ressentir ces zones se relaxer.

Enfin, sur 4 nouvelles respirations, je conduis cette vague de détente au niveau de mon bassin le long de mes jambes et jusqu'au bout de mes pieds. Relâchement musculaire de toute cette zone.

Je peux ainsi apprécier la détente de mon corps avant de m'étirer et de rouvrir les yeux.

Jour 3

« Il faut donner du temps au temps. »

Miguel de Cervantès

Mimétisme

À la manière d'un animal qui s'étire, je mets en pratique un exercice visant à décontracter mon dos et mes bras. Je m'installe à quatre pattes, les mains posées contre le sol positionnées dans le prolongement des épaules, les genoux placés dans le même écart. Tranquillement, j'amène les fesses sur les talons en même temps que j'étire mes mains vers l'avant, face contre terre. Je m'étire ainsi durant 1 minute.

Je fais le point

Durant quelques minutes, je réalise un inventaire un peu spécial : je rassemble et note la plupart des situations stressantes induites par mon animal.

1. ……………………………………………………………………

……………………………………………………………………

2. ……………………………………………………………………

……………………………………………………………………

3. ……………………………………………………………………

……………………………………………………………………

4. ……………………………………………………………………

……………………………………………………………………

5. ……………………………………………………………………

……………………………………………………………………

6. ……………………………………………………………………

……………………………………………………………………

7. ……………………………………………………………………

……………………………………………………………………

CITATION

Jour 4

« Savoir écouter est un art. »

Épictète

EXERCICE PRATIQUE

Un stress soudain

Je me rends compte que mon chien vient de ronger le pied de ma table, que mon chat a joué de ses griffes sur le canapé… Dans ces cas-là, le corps a tendance à se nouer en même temps que surviennent des émotions désagréables telles que la colère. Pour faire retomber la pression, je mise tout sur l'expiration. À mon rythme, je souffle longuement par la bouche à plusieurs reprises pour évacuer la tension du moment.

Découvrir mon animal autrement

Je me prépare à vivre un moment de détente avec mon animal. Pour cela, je privilégie un endroit qu'il apprécie, peut-être son panier. J'évite les sons surprenants, en coupant notamment mon téléphone et je me place à côté de lui. Je pose mes mains sur sa tête et je ferme les yeux. Je vais pouvoir ainsi redécouvrir mon animal par le toucher en lui procurant par la même occasion de la détente par mes caresses. Par le toucher, je relève la forme de son crâne, de ses oreilles, de son museau… Je note sa douceur ou peut-être des zones plus rugueuses… Je me concentre sur la température plus ou moins chaude selon les zones de sa tête explorées. Je peux ensuite le sentir, puis écouter sa respiration. Plaisir d'entrer en relation sensorielle avec mon animal.

Quand je le souhaite, je peux rouvrir les yeux en poursuivant par des caresses plus habituelles.

Jour 5

« Les animaux sont des amis tellement agréables – ils ne posent jamais de questions, ils ne font aucune critique. »

George Eliot

Pêle-mêle

Un animal a souvent besoin d'être stimulé, que ce soit par des sorties ou des jeux. J'invente de nouvelles habitudes à deux. Selon mon animal, je peux créer des jeux de piste en cachant un jouet par exemple, faire un jogging avec lui, proposer une baignade, etc. Il ne tient qu'à moi de trouver des idées pour partager des moments agréables avec mon animal.

Imagination

Je m'installe confortablement en posture assise ou allongée et ferme les yeux. J'écoute ma respiration pour bien me recentrer.
À présent, je vais me visualiser en train de suivre mon compagnon domestique. Dans mon imagination, il devient un guide qui va me faire découvrir sa vision du monde et de la vie à travers son regard.
Selon mon animal, je peux peut-être imaginer qu'il me conduit dans un grand espace, que je marche dans ses pas… Il me fait entrer progressivement dans son existence… Il m'emmène peut-être me jeter à l'eau dans une rivière, m'amuser avec un bout de bois, sentir attentivement les parfums alentour, m'étonner devant un phénomène ordinaire pour moi mais surprenant pour lui… Je prends le temps de vivre pendant quelques minutes avec ses sens, ses réflexes.
Et, à mon rythme, j'effectue 2 ou 3 respirations plus profondes avant de rouvrir les yeux.

Jour 6

CITATION

« Si vous fermez la porte à toutes les erreurs, la vérité restera dehors. »

Rabindranath Tagore

C'est conseillé…

PENSÉE POSITIVE

On trouve des idées récurrentes dans l'éducation d'un animal, qu'il peut être parfois utile de se rappeler. Parmi elles, on sait que le maître doit jouer un rôle de leader, qu'un animal doit se dépenser, qu'il apprécie d'être stimulé par le jeu, qu'il a besoin de beaucoup de sommeil… Se replonger dans des conseils d'éducation peut être un moyen de répondre plus justement aux besoins de son animal et d'équilibrer sa relation avec lui.

Posture du chien museau vers le ciel

Je commence par des étirements doux au niveau des poignets, des épaules, des bras, de la nuque et du dos. Plaisir de me relier pleinement à mon corps, de le ressentir par ses mouvements.
J'effectue ensuite cette posture de yoga qui renforce les bras et étire la région lombaire.
Je m'allonge sur le ventre en posant les mains, paumes contre le sol, au niveau de mes épaules. Puis, dans un mouvement doux, je prends appui sur mes mains ainsi que sur le bout des pieds, et je relève mon buste, mon bassin et mes jambes.
Je place ma nuque légèrement en arrière et tiens la posture environ 10 secondes en respirant profondément.

Bon à savoir : on s'améliore avec l'entraînement. Ainsi, je ne me brusque pas pour atteindre la posture parfaite.

Jour 7

« Le jeu, c'est tout ce qu'on fait sans y être obligé. »
Mark Twain

Situations particulières

Anticiper est souvent un bon moyen de bien se préparer à une situation et d'éviter le stress qu'elle pourrait engendrer. Lorsque j'en ai l'occasion, j'utilise cet atout. Par exemple, je m'organise si je dois effectuer un trajet en voiture avec mon animal pour éviter toute mauvaise surprise (avoir toujours de l'eau bien évidemment, prévoir son espace, etc.). De même lors d'un rendez-vous chez le vétérinaire ou encore lors d'une promenade en terrain inconnu.

En musique

Je sélectionne un morceau de musique classique et je m'installe confortablement avec mon animal. Je pose une main sur mon ventre et une main contre lui. J'attends quelques minutes pour qu'il s'apaise dans cette posture. À l'écoute de la musique et au contact de mon animal, je me laisse aller à une relaxation progressive. Je respire profondément en même temps que je décontracte chaque zone de mon corps de la tête aux pieds. Je me concentre pleinement sur le moment présent.
La détente se diffuse progressivement en moi. Je peux peut-être sentir mon animal s'apaiser lui aussi. On se relaxe ainsi durant une vingtaine de minutes. Plaisir de vivre ce moment de bien-être avec mon animal.
À la fin du morceau de musique, je m'étire doucement pour ne pas le brusquer et j'ouvre les yeux.

Bon à savoir : des études ont révélé le pouvoir apaisant de la musique classique sur les animaux.

Pour que tout soit clair...

C'est un fait, la zénitude s'apprend ! Je ne relâche pas mes efforts et je continue à garder un état d esprit positif qui dynamise mes journées.
Pour certaines circonstances les exercices de relaxation ne suffisent pas, mais ils ne pourront qu'être bénéfiques et favoriser mes initiatives.
Avec un nouvel état d'esprit dans un corps relax, je ne peux que m'ouvrir à de belles perspectives.
Le maître zen qui est à présent en moi ne demande qu'à être encouragé !